학습천재가 되는 11가지 공부 비결

이 책에 보내는 찬사

"제 학창 시절에 『학습천재가 되는 11가지 공부 비결』이 출간되었으면 얼마나 좋았을까요? 구체적인 증거를 기반으로 한 실용적인 조언이 정말 많이 들어 있습니다. 미루는 버릇을 이겨내는 방법, 기억력을 강화하는 방법, 독서 효율을 개선하는 방법은 큰 도움이 됩니다. 책장을 넘길 때마다 노다지를 발견한 기분이에요."

— 다니엘 핑크, 『새로운 미래가 온다』, 『드라이브』, 『파는 것이 인간이다』의 저자

"학습법을 배우고 싶다고요? 그렇다면 바버라 오클리와 올라브 슈위보다 더 나은 선생님은 없죠. 두 사람도 학창 시절에 공부 때문에 힘들어했지만 이제는 어엿한 학습 전문가로 명성을 얻고 있으니까요. 두 사람의 저서를 보면 지식을 쌓고 기억력을 개선하고 학습 동기를 높이는 방법을 알게 됩니다. 누구나 금방 따라 할 수 있고 즉각적인 효과를 볼 수 있죠. 잘 따라 하면 성적이 계속 오를 겁니다."

— 애덤 그랜트, 『싱크 어게인』의 저자

"저 역시 교육자의 한 사람인 동시에 평생 학습을 고집하는 학생이기도 합니다. 주변을 돌아보면 거의 모든 사람이 효율적인 학습 방법을 찾지 못하고 좌충우돌하더군요. 시행착오를 거듭하는 와중에 한두 가지 좋은 방법을 찾았다고 생각할 때도 있지만, 그렇지 못하고 시간과 노력만 낭비할 때가 더 많아요. 그런데 최적의 학습 방법이 있다고 하니 귀가 번쩍 뜨이더군요. 효과적인 공부 방법을 한데 모은 책이 있는데도 외면한다면 정말 어리석은 거죠. 이 책은 정말 효과적인 학습 방법을 쉽고 재미있게 설명해 줍니다. 당장 적용해보고 싶은 마음이 들어서 바로 책상 앞에 앉게 될 겁니다."

– 에릭 시겔 박사, 『예측 분석이다』의 저자이며 '예측분석세계'의 설립자

"『학습천재가 되는 11가지 공부 비결』은 흥미로운 예시를 사용해서 구체적인 학습 방법을 이해하기 쉽게 알려줍니다. 누구나 쉽게 따라 할 수 있고 단번에 학습 효과가 크게 향상되는 것을 경험할 수 있지요. 여러 가지 삽화를 통해 두뇌에서 신경 사슬이 어떻게 형성되는지 알기 쉽게 설명해 주는 것도 이 책의 큰 장점입니다."

– 로버트 A. 비요크, 캘리포니아 대학교 교수

학습 천재가 되는 11가지 공부 비결

바버라 오클리, 올라브 슈위 지음
정윤미 옮김 • 이영구 감수

학습천재가 되는 11가지 공부 비결

Original title: SUPERHJERNEN. DE BESTE STRATEGIENE FOR LÆRING
(LEARN LIKE A PRO)
Copyright ⓒ Olav Schewe and Barbara Oakley 2020
Korean edition is published by arrangement with Anne Sverdrup-Thygeson, c/o Stilton Literary Agency,
Oslo, through The Danny Hong Agency, Seoul.
Korean translation copyright ⓒ 2021 by Golden Affair Books

이 책의 한국어판 저작권은 대니홍 에이전시를 통한 저작권사와의 독점 계약으로 골든어페어에 있습니다.
저작권법에 의해 한국 내에서 보호를 받는 저작물이므로 무단전재와 복제를 금합니다.

일러두기

전문용어나 어려운 용어는 의미를 왜곡하지 않는 범위 안에서 되도록 쉬운 용어로 바꾸거나 앞부분에 짤막한 설명을 추가하는 형식으로 풀어쓰려 노력했습니다.

감수인의 글

미래학자 앨빈 토플러는 1970년에 출간한 『미래의 충격』에서 미래에는 변화의 속도가 너무 빨라져 여러 면에서 충격이 올 것이라고 경고했습니다. 특히, "내일의 문맹자란 읽지 못하는 사람이 아니라 배우는 방법을 배우지 못한 사람일 것이다"라는 심리학자 로버트 거조이의 말을 인용하며, '배우는 방법'을 배우지 않으면 안 된다고 강조했습니다. 이는 저명한 저널리스트인 토머스 프리드먼이 인간의 적응력보다 혁신의 속도가 빨라진 지금 '학습을 최적화하는 것'으로 적응력을 높여야 한다는 주장과도 같은 맥락입니다.

이제는 평생 배워야 하는 시대, 다양한 분야를 공부해서 융합

해야 하는 시대, 학습법(공부법)을 배우고 익히는 것이 더 중요한 시대가 되었습니다.

『학습천재가 되는 11가지 공부 비결』은 이런 시대적 변화에 맞춰 나온 학습법에 대한 책으로, 장담컨대 가장 실용적이고 효과적이고 검증된 학습 비결을 모은 최고의 도서입니다.

제가 이렇게 생각하는 첫째 이유는, 이 책의 두 저자는 학습법 (공부법)에 관해서는 둘째가라면 서러워할 정도의 세계적인 전문가이면서 스스로 학습에 어려움을 많이 겪었던 산증인들이기 때문입니다.

2002년 한국 축구를 월드컵 4강에 올려놓은 거스 히딩크 감독은 현역 시절에 그렇게 눈에 띄는 선수는 아니었습니다. 하지만 타고난 축구 천재가 아니었기 때문에 최고의 감독이 될 수 있었습니다. 잘 못하는 사람들의 입장에서, 못 하는 상태에서 잘 하는 상태로 올라가는 법에 대해 설명할 수 있고 가르칠 수 있는 사람들은 타고난 재능이 부족한 사람들일 겁니다. 타고난 천재들에겐 잘하는 것이 쉽고 당연하니까요.

저자인 바버라 오클리는 수학 포기자로 20대 후반이 되어서야, 수학의 필요성을 느껴 공부를 시작해 공대 교수가 되었습니다. 교수가 된 이후에도 화려한 수상 경력을 자랑할 정도로 우수한 성과를 내고 있지요. 이런 경험을 바탕으로 만든 온라인 강의인 '학습법 배우기 Learning how to learn'는 전 세계를 통틀어 공부법 중에서 가장 인기 있는 강의가 되었습니다.

또 다른 저자인 올라브 슈위도 열심히 공부해도 성적이 오르지 않던 중위권의 평범한 학생이었습니다. 자신은 머리가 나빠 학업을 포기해야 하나라는 생각도 했다고 하는데요. 학습법에 눈을 뜨면서 고등학교를 전교 1등으로 졸업했고 명문대 대학원을 장학금을 받으며 입학했을 뿐 아니라 우수한 성적으로 졸업했습니다. 올라브 또한 이런 경험을 발판 삼아 학습법에 대해 연구하면서 여러 책을 내고 교육 컨설팅과 강연을 하는 전문가가 되었습니다.

이 책이 최고라고 생각하는 둘째 이유는, 개인의 경험에만 의존해서 학습법을 정리한 것이 아니라, 학습법에 대해서 많은 연구를 하며 얻은 통찰을 바탕으로 학습의 원리까지 쉽게 설명해주기 때문입니다.

이 책에서는 학습과 공부에 대해 '내가 이렇게 했으니 이렇게 하면 되더라'에 그치지 않습니다. 신경과학과 인지심리학 분야의 연구 결과를 근거로 왜 그렇게 학습하는 게 효과적인지 이유를 쉽게 설명해줍니다. 즉, '이해'할 수 있도록 해준다는 것이죠.

책에 직접 언급한 130여 편의 논문뿐만 아니라 두 저자의 연구 결과를 모두 합쳐 보면 셀 수 없을 만큼 많은 자료를 검토한 걸 알 수 있습니다.

셋째 이유는, 수많은 피드백을 받아서 효과적인 핵심 학습법만을 정리했기 때문입니다. 미리 책을 받아 읽어보고 실천해본 결과를 알려주는 베타리더만 100여 명이 되고, 강의 등을 통해서 피드백을 받은 사람을 합치면 수백 명에 이릅니다.

물론, 이 책에는 우리가 익히 알고 있는 내용도 많이 있습니다(학창 시절을 보내면서 빨리 터득한 것도 있고 뒤늦게 터득한 것도 있을 겁니다). 또한 핵심을 요약하다보니 상세한 설명이 부족한 점도 있습니다. 하지만 확실한 점은 어느 책보다 필요한 내용을 잘 정리했고 여러 학습 장치를 동원해서 이해하기 쉽고 기억하기 좋도록 설명해준다는 것입니다. 번역 감수를 하며 쉬운 용어로 풀어쓰기 위해 노력을 많이 들인 이유이기도 합니다.

이런 책을 학창 시절에 읽었더라면 인생이 달라지지 않았을까 하는 안타까운 마음이 듭니다. 그런데 학습법에 대한 무지의 영향은 자신에게만 그치지 않습니다. 많은 연구에서 자녀의 학업 성취도와 관련성이 가장 높은 변수가 부모의 학력이라고 합니다. 『완전학습 바이블』을 쓴 임작가의 말마따나 "공부를 잘하는 것이 생물학적으로 유전되지는 않지만 심리사회적인 측면에선 유전된다고 봐도 무리가 아닙니다."

버크셔 해서웨이의 부회장인 찰리 멍거는 워런 버핏을 '항상 배우는 기계 Ever Learning Machine'라고 부른다고 하는데요. 수십 년간 경이적인 투자 기록을 내고 있는 버핏의 성공 비결을 간결하게 평생 학습이라고 밝힌 셈이죠.

우리 모두는 초·중·고를 거쳐 대학교, 사회생활을 하면서도 열심히 배워야 하는 시대에 살고 있음을 부인하기 어렵습니다. 이 책은 모든 연령대가 읽을 수 있도록 쓴 학습 입문서이니 '평생 학습자 Lifelong Learner'가 되는 좋은 출발점이 될 겁니다.

futurist 이영구

(주)퓨처스비즈의 대표인 그는 시나리오 플래닝 전문가이자 세계전문미래학자협회 APF 정회원으로 활동하고 있는 전문 미래학자로, 국내에 좋은 책을 소개하는 일에도 노력을 기울이고 있습니다. 『미래전략 시나리오 플래닝』, 『미래학자처럼 생각하라』, 『진화된 마케팅 그로스 해킹』 등을 번역했으며 『랜덤워크 투자수업』 등을 감수했습니다.

목차

감수인의 글 • 09

목차 • 14

들어가며 • 16

01 미루는 습관을 없애고 집중력을 높이는 방법 • 21

02 풀리지 않는 문제를 푸는 방법 • 47

03 깊이 있게 학습하는 방법 • 69

04 작업 기억을 최대화하고 필기를 잘하는 방법 • 105

05 효율적으로 암기하는 방법 • 129

06 직관력을 키우고 생각의 속도를 높이는 방법 • 147

07 자제력이 없을 때 자제력을 발휘하는 방법 • 171

08 동기를 부여하는 방법 • 187

09 효과적으로 독서하는 방법 • 209

10 시험을 잘 치는 방법 • 227

11 메타인지를 활용하여 학습 효과를 높이는 방법 • 251

체크리스트 : 학습천재가 되는 비결 • 267

감사의 말 • 274

미주 • 275

참고문헌 • 284

들어가며

온종일 공부만 하는데도 성적이 잘 나오지 않나요? 읽은 내용이 잘 기억나지 않아서 힘든가요? 공부해야 하지만 지루하고 집중이 잘 안 되어서 자꾸 미루게 되나요? 이런 고민이 있다면 『학습천재가 되는 11가지 공부 비결』은 당신을 위한 책입니다.

이 책을 쓴 우리도 한때 여러분과 비슷한 고민을 안고 있었지만, 이제는 어떤 내용이든 완전히 숙달할 수 있는 방법을 찾아냈고, 이 책을 통해 여러분과 공유하려 합니다. 여기서 소개하는 11가지 공부 비결은 신경과학과 인지심리학에 근거한 것입니다. 수학, 외국어, 코딩, 무술, 요리, 자격증 등 어떤 분야에 도전하더라도 학습 능력을 높일 수 있는 확실한 방법이죠.

학습을 할 때 우리의 뇌에서 어떤 일이 일어나는지도 설명할 건데요. 우리가 제시하는 학습법들이 효과적일 수밖에 없는 이유를 충분히 이해할 수 있을 거예요. 그렇다고 기적을 기대하지는 마세요. 우리가 제시하는 방법으로 학습하면 공부에 낙담하던 마음이 풀리고 학습 성공률은 확실히 높아질 겁니다. 일부 독자들은 기적 같은 경험이라고 느낄 수도 있겠네요.

(이 책의 저자인) 올라브는 학생 때 좋은 성적을 받고 싶어서 정말이지 열심히 공부했는데도 성적이 잘 나오지 않았어요. '나는 머리가 좋지 않아서 그런가 봐'라고 생각해서 학업을 포기하려고도 했었죠. 그런데 우연한 기회에 좋은 성적을 받는 비결은 타고난 능력도 공부에 쏟는 시간도 아니란 걸 알게 되었답니다. 그저 효과적인 학습 방법을 몰랐던 거죠. 학습 방법을 조금 바꿨을 뿐인데, 올라브의 성적은 눈에 띄게 달라졌답니다.

학습 속도가 '느려서' 성적이 늘 중위권에 머물렀던 올라브는 효과적인 학습법으로 학교에서 1등이 되었습니다. 그리고 옥스퍼드대학교 경영대학원도 탁월한 성적으로 졸업했습니다. 효과적인 학습 방법을 소개하는 『슈퍼 스튜던트Super Student』라는 책도 출간했는데, 이 책은 현재 열 가지 이상의 언어로 번역된 베스트셀러랍니다.

(이 책의 또다른 저자인) 바버라는 고교 시절에 수학과 과학에서 계속 낙제했습니다. 자신은 '수학과는 거리가 먼 유전자'를 타고 났다고 생각했죠. 그러다 20대 후반에 수학에 다시 도전했습니다. 고등학교 수학부터 시작했죠. 느리긴 해도 수학과 과학 실력이 조금씩 오르기 시작했습니다. 그러던 중에 미 국방부 산하 언어연구원에서 외국어를 배울 때 알게 된 학습 방법을 수학과 과학에 적용했는데 실력이 단숨에 크게 향상되었습니다. 현재 바버라는 공대 교수이며 전 세계 수백만 명의 학생들에게 온라인으로 학습법도 강의하고 있답니다. 「프로처럼 배워라 Learn like a Pro」, 「학습법 배우기 Learning How to Learn」 같은 온라인 강의는 전 세계적으로 가장 많은 수강생 수를 기록하고 있습니다. 여러분도 바버라처럼 '나는 이 과목과는 거리가 먼 유전자'를 타고났다고 생각한 적이 있나요? 사실 유전자를 탓할 문제가 아니에요. 학습 방법이 달라져야 하는 거죠.

"숫자만 보면 머리가 아파요." "언어 쪽으로는 재능이 없어요." "사람들 앞에서 발표하는 게 두려워요." 이런 말을 하는 사람들을 주변에서 흔히 볼 수 있어요. 하지만 자신을 탓할 필요는 없어요. 아직 적당한 학습 요령을 모르는 것일 뿐이에요. 각 과목에 맞는 학습 방법부터 찾아보세요. 이 책의 내용이 많은 도움이 될 겁니다. 책 한 권으로 많은 것이 달라질 수 있어요. 최신 신경과학 연구에 근거한 솔루션을 직접 적용해 보세요. 그러면 거대한 산처럼 보였던 장애물이 별것 아닌 문제로 느껴질 겁니다.

우리(올라브와 바버라)는 십여 년 간 학습 방법을 연구하고 책을 쓰면서 강의를 병행해왔습니다. 여러 분야의 전문가와도 밀접한 협력 관계를 맺고 있지요. 우리는 신경과학, 인지심리학, 교육학 등 다양한 분야에서 얻은 통찰을 바탕으로 실용적인 최고의 학습 방법만을 엄선하였습니다. 이미 수백 명의 학습천재들에게 피드백도 받았지요. 이들은 다양한 학습 분야에서 이 책에 소개된 학습 방법을 직접 적용하여 어려운 개념이나 기술을 익히는 데 성공했습니다. 학습천재는 머릿속에 도구함을 만들어 놓고 새로운 도구와 학습 기법을 계속 모은답니다. 그리고 자신의 학습 방법이나 학습 진행 과정을 객관적으로 평가하는 요령도 배웁니다. 학습천재라고 해서 '타고난' 머리가 좋은 것은 아닙니다. 다른 사람과 차이가 있다면, 두뇌를 가장 효율적으로 사용하는 방법을 제대로 안다는 것이죠.

여러분도 이 책을 읽고 학습천재가 되어 보세요. 좋은 결과가 있기를 바랍니다.

LIFELONG LEARNER

PART 01

+ × +

미루는 습관을 없애고 집중력을 높이는 방법

LIFELONG LEARNER

 지금 이 책을 읽는 이유가 무엇인가요? 어떤 내용을 공부하든 어떤 일을 처리하든 책상에 앉아 있는 매 순간을 효율적으로 사용하고 싶은 마음에서 일 겁니다. 이제 공부할 때나 일할 때 쓸 수 있는 가장 손쉽고 효과적인 방법을 하나 알려드릴게요. 바로 포모도로 기법[1]인데요, 집중력을 높이는 효과가 있다고 백퍼센트 보장할 수 있습니다. 포모도로 기법을 이미 아는 독자도 있을 겁니다. 그러면 포모도로 기법을 더 잘 활용할 수 있는 방법과 그

---

[1] 이 방법은 1980년대에 '프란체스코 시릴로 Francesco Cirillo'라는 이탈리아 사람이 제안한 것으로, 시릴로가 토마토 모양으로 생긴 요리용 타이머를 사용한 것에서 유래한 이름입니다. '포모도로'는 이탈리아어로 토마토라는 뜻입니다.

동안 대중적으로 알려지지 않았던 새로운 정보를 알려 드리겠습니다.

포모도로 기법

포모도로 기법으로 학습(업무) 시간표를 한 번 만들어 볼까요?

1. 일단 책상이나 업무를 처리할 장소에 주의를 흩트릴 만한 것은 모두 치우세요. 컴퓨터는 알림창을 차단하고 공부할 내용이나 업무와 관련이 없는 창은 모두 닫습니다. 스마트폰 알림도 끄세요. 주의를 조금이라도 흩트릴 수 있는 것은 하나도 남기지 마세요.

2. 타이머로 25분을 설정하세요. 타임스위치나 무음 디지털 타이머 중 어느 것이라도 좋습니다. 스마트폰에 있는 타이머 기능이나 앱을 사용해도 됩니다. 단 스마트폰 타이머를 설정한 후에는 좀 멀리 눈에 보이지 않는 곳으로 치우세요. 그러면 타이머가 울리기 전에 스마트폰을 만지고 싶은 유혹을 피할 수 있습니다.

3. 이제부터 25분간 공부나 업무 처리에 온전히 집중하세요. (처음에는 집중이 잘 안 되겠지만) 다른 것은 생각하지 않도록 노력해야 합니다. 다른 할 일이 생각날 수도 있지만 25분 정도 미룬다고 해서 큰 문제가 생기는 건 아니니까요. 그래도 할 일이 자꾸 생각난다면 간단히 메모해 두고 타이머가 울릴 때까지 공부나 업무 처리에만 집중하세요.

> **유명한 포모도로 앱**
> - 포커스 부스터
>   (focus booster, PC용)
> - 포모던(PomoDone)
> - 포레스트(Forest)
> - 토글(Toggl)

4. 25분 세션이 끝나면 5분 정도 쉬세요. 자신에게 일종의 보상을 주는 겁니다. 좋아하는 노래를 듣거나, 눈을 감고 몸을 편안하게 이완하거나, 잠깐 산책을 하거나, 차를 한 잔 마시거나, 반려동물과 놀거나 할 수 있겠죠. 무엇을 하든 긴장을 풀고 편안하게 보내면 됩니다. 다만 이 휴식 시간에 스마트폰이나 이메일을 확인하는 것은 금물입니다. 그 이유는 나중에 따로 설명하겠습니다.

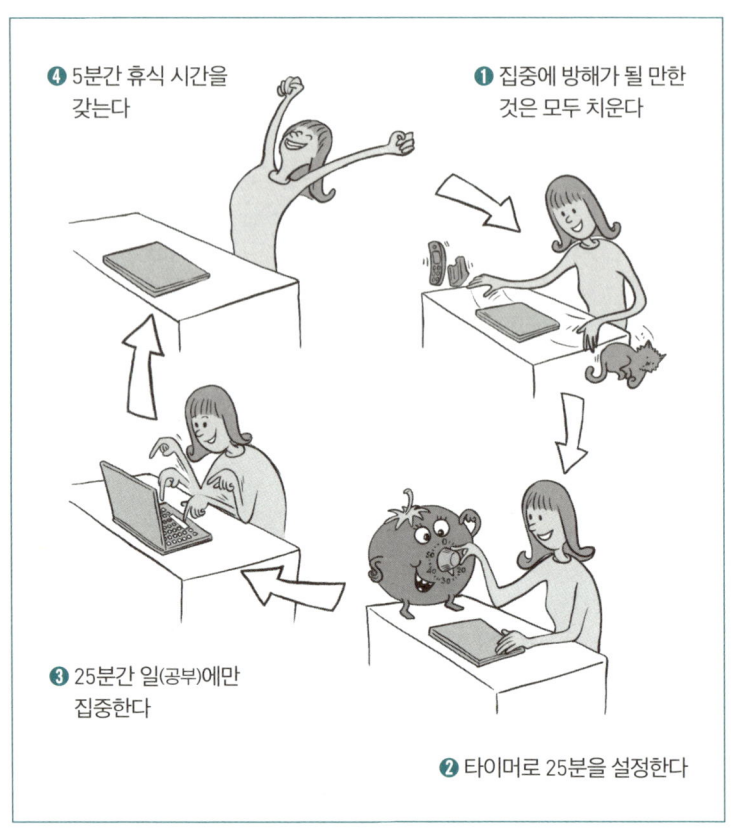

포모도로 기법의 기본 4단계

5. 이렇게 '집중한 후에 잠깐 쉬기'를 여러 번 반복해 보세요. 2시간 동안 공부(일)하고 싶다면 중간에 5분 정도씩 쉬면서 포모도로 세션을 4번 반복하면 됩니다. 5분 휴식 후에 다시 집중하기가 어려우면 휴식 시간에도 타이머를 설정해 보기

바랍니다.

별로 어렵지 않겠죠? 그래요, 생각보다 훨씬 쉽습니다. 물론 포모도로 세션 중에 집중력이 떨어지거나 딴생각이 날 때도 있을 수 있지만, 직접 해보면 25분 정도는 누구나 집중력을 유지할 수 있음을 알게 될 겁니다.

포모도로 기법이 효과적인 이유

이렇게 단순한 기법에 사람들이 왜 이렇게 열광하는 걸까요? 이유는 간단합니다. 포모도로 기법이 우리의 뇌가 학습하는 여러 방법 중에서 핵심적인 측면을 공략하기 때문이죠.

- 포모도로 세션 동안 고도의 집중력을 발휘함으로써 뇌가 집중하는 연습을 하게 됩니다. 스마트폰이 쉴 새 없이 정신을 흐트러뜨리는 현대 사회에 정말 필요한 연습이지요.[1]
- 집중해서 일을 처리하거나 공부하다가 잠깐 쉬는 시간을 가지면, 우리의 뇌는 방금 배운 내용을 장기 기억으로 넘기고 다시 새로운 정보를 받아들일 수 있는 최적의 상태가 됩니다.[2] 물론 두뇌가 그런 상태로 바뀌는 것을 실감할 수는 없어요. 어떤 사람은 휴식 시간을 생략하려고 하는데

'그러지 마세요'! 잠깐 쉬는 것이 더 능률적이니까요.
- 휴식이라는 보상이 있다는 것을 알면 포모도로 기법을 적용할 동기가 계속 유지되므로 효과적입니다.
- 끝나는 시간을 정해 놓지 않고 무작정 계속 앉아 있는 것보다 집중하는 시간을 짧게 여러 번으로 나누면 집중력을 쉽게 끌어올릴 수 있습니다.
- 처음에는 정해진 시간을 채우는 것이 중요합니다. 즉 당장의 학습 목표나 결과보다는 과정에 더 집중하는 것이죠. 장기적으로 볼 때, 일시적인 목표 하나를 달성하거나 한 번의 세션을 잘 마치는 것보다는 집중하는 습관이 몸에 배게 하는 것이 훨씬 더 중요합니다.
- 싫어하는 것이나 원치 않는 일을 머릿속에 떠올리기만 해도 이해득실을 따지는 뇌 부위인 섬피질이 활성화되면서 '두통'이 생깁니다. 하지만 이런 두통은 어떤 일에 집중한 지 20분 정도 지나면 크게 줄어듭니다.[3] 그러므로 25분은 공부에 집중할 수 있는 최적의 시간이라고 할 수 있지요.

포모도로 기법은 다양하게 응용할 수 있습니다. 집중이 잘 되어 25분이 지난 후에도 계속하고 싶다면 계속 해도 됩니다. 보상으로 갖는 휴식 시간도 융통성 있게 조정할 수 있으므로, 25분 이상 집중했다면 휴식 시간도 그만큼 늘리면 됩니다. 머리를 잠깐 쉬게 하는 것이 더 효율적이라는 점만 잊지 않으면 됩니다. 어떤 시간 측정 앱 결과를 분석해 보니 생산성이 높은 직원은 평균 52분간 일에 집중하고 나서 약 17분 정도 휴식을 즐긴다고 해요.[4] 일을 잘하기로 소문난 사람들은 집중해야 할 때는 제대로 집중하고, 쉴 때는 확실하게 쉬는 것 같습니다.

한 번의 포모도로 세션으로 일을 다 마칠 수도 있고, 그렇지 않을 수도 있겠죠. 첫 번째 세션 후에도 할 일이 남아 있으면 일단 5분 정도 쉬고 나서 다시 집중하세요(이렇게 하는 것이 어색하면 휴식 시간에도 타이머를 설정해 보세요). 포모도로 세션을 여러 번 반복할 때는 3~4회 반복하고 나서 10분에서 15분 정도 길게 쉬어 주는 것이 좋습니다.

처음 접하는 내용을 공부할 때 포모도로 기법을 사용한다면, **포모도로 세션 중에 잠깐 멈춰서 방금 공부한 내용을 머릿속으로 회상해 보세요. 이렇게 하는 데에는 몇 분밖에 걸리지 않습니다.** 3장에서 더 살펴보겠지만 '인출 연습retrieval practice'이라고도 하는 회상하기는 내용을 이해하고 기억하는 데 큰 도움이 됩니다.

잠시 쉴 때는
스마트폰을 만지지 마세요

✚ ✖ ✚

럿거스대 경영대학원의 강상훈 교수와 테리 쿠츠버그Terri Kurtzberg 교수가 연구한 바에 따르면 **쉬는 시간에 스마트폰을 사용하면 다른 방식으로 쉬는 것에 비해 두뇌 재충전 효과가 떨어진다**고 합니다.[5] 두 교수의 말을 인용하면 다음과 같습니다. "갈수록 스마트폰에 중독된 듯한 사람이 많아지는 것 같습니다. 조금이라도 짬이 나면 스마트폰부터 집어 드는 습관이 얼마나 큰 손실을 주는지 알아야 합니다. '어차피 쉬는 시간인데 스마트폰 좀 만지면 어때?'라고 생각하는 사람도 있을 거예요. 하지만 스마트폰을 사용하면 인지적 부담이 생각보다 큽니다."

오프라인 환경에서 기술을 배우거나 수업을 받을 때 특히 스마트폰이 집중하는 데 방해가 됩니다. 한 연구에 따르면 "스마트폰을 만지지 않는 학생은 스마트폰을 자주 만지는 학생에 비해 필기량이 62%나 많은 데다 강의에서 들은 세부 정보를 훨씬 많이 기억했고 선다형 시험에서 학점 등급이 1.5단계나 높았습니다."[6] 심지어 스마트폰을 옆에 두는 것만으로도 방해가 됩니다. 옆에 스마트폰이 있다는 사실을 알면, 뇌는 계속해서 스마트폰에

주의를 빼앗기게 되기 때문이니까요.[7]

스마트폰이 없으면 안절부절못하는 사람도 있습니다. 그런 경우에도 전문가들은 스마트폰을 아예 보이지 않는 곳에 멀리 치워놓는 것이 낫다고 말합니다.[8] 스마트폰을 가방이나 핸드백에 깊숙이 밀어 넣어 두거나 자동차 안에 갖다 놓으세요. 일단 그렇게 치워두면 오히려 눈앞의 일에 집중이 잘 되는 것을 직접 느낄 수 있을 겁니다.

멀티태스킹을 하지 마세요

\+   ×   \+

새로운 일에 초점을 맞추면, 그 일에 관해 두뇌에 저장된 정보가 활성화됩니다.[9] 이메일이나 문자 메시지를 확인하는 것도 새로운 일에 관심을 돌리는 것이죠. 그러므로 메시지를 여는 순간 두뇌에서 새로운 정보가 활성화되는 것입니다. 이때 '주의 잔류 attention residue'라는 현상이 발생하는데요, 방금까지 하던 일에 주의력 일부가 아직 남아 있어서 새로운 일에 백퍼센트 주의를 집중하지 못하는 현상입니다. 당연히 집중 대상을 자주 바꾸면 주의가 흐트러져 일 처리 속도가 느려지고 실수할 가능성이 커질 수밖에 없습니다. 또 글씨체가 엉망이 되고, 배우는 내용을 잘 흡수하지 못하며, 외운 것을 금방 잊어버리게 됩니다. 한마디로 모든 면에서 불리해집니다. 미시간대학교에서 실시한 조사에 의하면 한 가지 일을 마무리하지 않고 다른 일로 넘어가면 인지 수행력이 30~40% 감소한다고 합니다.[2][10] 이 결과는 포모도로 기법의 효과를 반증하는 것이기도 합니다. 포모도로 기법은 멀티태스킹으로 이어질 만한 방해 요소를 전혀 허용하지 않고 한 번에 '한 가지 일'에만 집중하게 하니까요.

이렇게 과학자들은 멀티태스킹의 단점을 집중적으로 파고들었지만, 사실 멀티태스킹에는 창의성이라는 장점도 있습니다. 한 가지 일에 집중하는 것은 인지 측면에서 그 일에만 고정된다는 뜻입니다. 그러면 한 걸음 물러나서 다른 관점에서 그 과업을 생각하기가 어려워지지요. 즉 다른 방법으로 그 일을 해결할 가능성을 고려하지 못하게 됩니다. 이때 다른 일로 주의를 돌리면 비로소 인지 측면의 고정 정도가 낮아집니다.[11] 문제는 얼마나 자주

....

2) 서로 다른 복잡한 과업을 번갈아 처리해도 집중하는 데 크게 영향을 받지 않는 사람은 전 세계 인구의 2.5퍼센트에 불과합니다. 달리 말해 대다수 사람의 두뇌는 집중 대상을 바꾸면 제대로 일을 처리할 수 없다는 뜻입니다. - Medeiros-Ward, et al., 2015

다른 일로 주의를 돌릴 수 있느냐 이겠죠. 이는 쉽게 답할 수 있는 질문이 아니에요. 주어진 일이 무엇인가에 따라 차이가 큰 데다, 일을 처리하다 '막히는' 정도도 사람마다 다르니까요.

> 집중력을 유지하는 데 좋은 도구 중 하나가 바로 헤드폰형 귀덮개 earmuff 입니다. 추천할 만한 상품으로는 펠터 Peltor 사에서 만든 31데시벨 귀덮개를 들 수 있겠네요(조금 크긴 하지만 아기가 목청껏 우는 소리도 잘 차단해 주는 제품입니다).

유독 집중이 잘 안 되어서 책상 앞에서 고생하는 날에는 포모도로 기법을 시도해 보기 바랍니다. 일에 집중하기가 한결 쉬워질 겁니다. 공부할 때도 마찬가지입니다. 물론 중간에 몇 번씩 주의가 흐트러질 때도 있을 거예요. 특히 문제가 잘 풀리지 않거나 글을 쓰다가 막힐 때 그럴 겁니다. 그렇지만 점차 발전하는 과정이니 너무 걱정하지 마세요.

주변 환경에 있는
방해 요소를 없애 보세요

✛ ✕ ✛

공부하다가 가끔 딴생각을 하거나 다른 것에 눈길을 주는 것은 큰 문제가 아닙니다. 하지만 자주 다른 것에 완전히 정신이 팔린다면 문제가 되겠죠. 이런 일을 방지하려면 주변에 주의력을 분산시키는 요소를 최대한 없애야 합니다. 학습 전문가들은 기숙사 방이나 직원 휴게소처럼 친구나 동료와 언제든지 대화를 시작할 수 있는 곳은 학습장소로 적합하지 않다고 지적합니다. 조용한 도서관이나 다른 사람을 쉽게 마주칠 수 없는 외딴곳이 좋겠지요. **어쩔 수 없이 시끄러운 환경에서 공부해야 한다면 귀마개, 헤드폰형 귀덮개, 외부 소음을 상쇄시키는 기능이 있는 노이즈캔슬링 헤드폰을 사용해 보세요.** 헤드폰을 끼는 것만으로도 주변 사람들에게 '저를 방해하지 말아 주세요'라는 메시지를 전달할 수 있습니다.

컴퓨터나 스마트폰의 알림음은 가장 경계해야 할 방해물입니다. 컴퓨터나 스마트폰을 강박적으로 확인하는 사람도 있습니다. 한 연구에 따르면 메신저 앱이 켜져 있으면 평균 35초 간격으로 앱을 확인한다고 합니다.[12] 이와 관련해 긍정적인 결과도 있습니다. 1주일간 업무와 무관한 사이트를 차단했더니 업무 몰입도와 생산성이 눈에 띄게 높아졌다고 합니다.[13]

컴퓨터나 스마트폰 등의 알림 설정을 모두 끄세요. 시각·청각적 자극은 물론이고 진동도 차단해야 합니다. '방해금지' 모드로 설정해 두면 도움이 됩니다. 포모도로 기법을 활용해서 방해물을 차

> **인기 있는 웹사이트 차단기**
> - 프리덤(Freedom)
> - 포컬필터(FocalFilter, 윈도용)
> - 셀프콘트롤(SelfControl, Mac용)
> - 스테이포크스드(StayFocused, 크롬브라우저용)

단해도 되고, 웹사이트 차단 프로그램을 사용해도 됩니다. 요즘처럼 소셜 미디어 사용이 보편화한 시대에 방해물을 완전히 차단하기는 정말 쉽지 않습니다. 하지만 단호해지지 않으면 성공할 수 없습니다. 「레미제라블」과 「노트르담의 꼽추」를 탄생시킨 1800년대 소설가 빅토르 위고는 집중을 방해하는 것들을 차단하기 위해 어떻게 했을까요? 그는 알몸으로 종이와 펜만 가지고 서재에 들어가면서 아무도 자기를 방해하지 못하게 하라고 하인에게 신신당부했다고 합니다(그 정도로 단호하게 행동하지 않았다면 소설을 완성할 수 있었을까 궁금하군요). 이처럼 동서고금을 막론하고 누구나 집중을 방해하는 요소와 맞서 싸워야 합니다. 자신에게 가장

효율적인 방법이 무엇인지 직접 찾아내어 적용해 보세요.

불가피하게 멈춘 경우 다시 시작할 준비를 해두세요

간혹 급한 일이 생기거나 예상치 않은 연락이 오는 등 불가피하게 집중하던 일이나 공부를 잠시 멈춰야 할 때가 있습니다. 그럴 때는 지금 집중하던 부분이 어디인지 머릿속에 얼른 기억하세요. 예를 들면 읽고 있었던 페이지에서 4분의 3 정도에서 멈췄다는 정도로 파악해 두는 겁니다. 그러면 다른 일을 처리하고 돌아와서 바로 중단한 곳에서부터 시작할 수 있습니다.

이렇게 다시 시작할 준비를 해두면 불가피하게 처리해야 할 다른 일을 대할 때 주의 잔류 현상이 일어나지 않습니다. 비록 일시적이긴 해도 하던 일을 마무리해둔 것으로 뇌는 받아들이기 때문입니다. 하던 일을 완료한 느낌 덕분에 다른 일에 집중력을 발휘하여 얼른 마무리할 수 있고, 원래 하던 일로도 어렵지 않게 다시 돌아갈 수 있답니다.[14]

자주 짧게 쉬세요

이미 강조한 것처럼 포모도로 기법에서 머리를 잠깐씩 쉬어 주는 것은 매우 중요한 과정입니다. 장시간 집중하면 두뇌가 새로 배운 내용을 장기 기억으로 옮길 시간이 없으므로 학습 효과가 오히려 떨어집니다.[15] 그뿐만 아니라 쉬지 않고 두뇌를 가동하면 두뇌의 특정 영역이 지쳐서 효율이 떨어집니다. 그 이유는 전문가들도 아직 잘 모르지만 일정 시간 운동을 하면 근육에 피로도가 쌓이듯이 두뇌도 사용 시간이 길어지면 피로가 쌓이는 것인데요, 이를 '인지적 탈진 cognitive exhaustion'이라고 합니다.[16]

짧게(5분에서 10분 정도) 쉴 때는 정신의 긴장을 완전히 풀어줘야 합니다. 인터넷 서핑을 하거나 문자 메시지를 확인하거나 글을 읽는 것은 금물입니다. 두뇌를 온전히 쉬게 해 주어야 방금 공부한 내용이 방해받지 않고 두뇌의 장기 기억에 자리를 잡게 됩니다. 잠깐 낮잠을 청하거나 아무것도 하지 않고 시간을 보낸다고 해서 게으름을 피우는 건 아니에요.[17] 오히려 학습 효율을 최대로 높이려고 시간을 투자하는 거랍니다.[18]

휴식 시간에는 산책이나 조깅처럼 몸을 움직이는 활동을 하는 것이 좋습니다. 상황이 여의치 않다면 자리에서 일어나서 차를 한 잔 만드는 정도의 움직임도 좋습니다. 그런 신체 활동을 하는 데에는 두뇌 활동이 크게 요구되지 않거든요. 그리고 몸을 움직이는 것이나 운동이 학습 효율을 높여주는 효과가 있습니다. 이 점에 대해서는 추후에 자세히 설명할게요.

> **대학생은 하루 몇 시간 공부해야 할까요?**
> 권장하는 학습 시간은 전공이나 개인의 포부에 따라 달라지겠지만, 우리는 대학생들에게 (강의를 듣는 시간을 별도로 하고) 평일에 2~8시간 공부할 것을 권장합니다.
> A 학점을 받는 의대생은 하루 평균 6~8시간을 공부합니다. 8시간 이상 공부한다고 성적이 더 잘 나온 것은 아니었습니다. 의대에서 B 학점이나 C 학점을 받는 학생은 하루 평균 학습 시간이 3~5시간 정도입니다.[19] 공대생은 보통 하루 약 3시간 정도 공부하는데, 사회과학이나 경영학을 전공하는 학생의 학습 시간은 하루 평균 2시간이라고 합니다[20](이 책의 저자인 바버라는 공대를 다니며 남들보다 조금 쉬운 과목 위주로 선택한 다음, 하루에 6~8시간 정도 공부했습니다. 이것이 바로 대부분의 과목에서 A 학점을 받은 비결입니다).

음악과 바이노럴 비트

✦ ✕ ✦

　대개 음악을 들으면서 공부하면 학습 속도가 느려집니다. 특히 수학을 공부할 때 이러한 현상이 두드러지게 나타나지요.[21] 음악을 들으면 공부가 잘된다거나 더 오래 집중할 수 있다고 느끼는 사람도 많은데 이는 사실이 아닙니다. 음악을 들으면 주의력이 분산되어 본인 기량을 백퍼센트 발휘할 수 없습니다. 게다가 음악을 틀어놓으면 공부를 하다가 재생 목록을 확인하는 일을 반복하게 되므로 결국 멀티태스킹을 하게 됩니다. 현재 성적이 우수하거나 학습 성과가 좋다면 음악을 들어도 좋습니다. 하지만 성적이 저조하거나 학습 내용을 파악하는 데 어려움을 겪고 있다면 일단 음악부터 끄기 바랍니다. 다만 주의력 장애가 있는 사람의 경우에는 음악을 이용해서 학습 효과를 높이는 방법이 괜찮다고 생각합니다.[22]

　혹시 '바이노럴 비트 binaural beat'라고 들어 봤나요? 스테레오 헤드폰으로 양쪽 귀에 서로 다른 주파수의 소리를 들려줄 때 또 다른 주파수의 소리가 들리는 현상을 말합니다. 예를 들어 한쪽 귀에는 300헤르츠의 소리를, 다른 쪽 귀에는 320헤르츠의 소리를 들려주면 두 가지 소리뿐만 아니라 두 주파수의 차이에 해당

하는 20헤르츠인 '비트' 주파수 소리라는 것도 들립니다. 요컨대 듣는 사람은 총 3가지 주파수를 듣는 것이죠.

과학자들은 두뇌가 소리의 위치를 파악하는 방식을 연구하다가 바로 이 바이노럴 비트를 발견했는데요.[23] 1970년대부터는 비트의 변동이 의식에 미치는 영향과 비트 주파수에 대한 두뇌의 반응 등을 연구했습니다. 요즘 많은 사람이 집중력을 높이거나 기억을 강화할 목적으로 또는 휴식을 취하거나 명상을 할 때 들으려고 다양한 온라인 사이트에서 음원을 내려받고 있습니다. 이런 음원이 바로 바이노럴 비트에 해당합니다. 바이노럴 비트는 단조로운 편이라서 음악이나 인위적으로 만든 잡음인 핑크 노이즈 pink noise 에 삽입되기도 합니다.

여러분도 공부할 때 바이노럴 비트 듣기를 시도해 볼 수 있습니다. 하지만 이 현상에 관한 연구는 아직 걸음마 상태이며, 긍정적인 효과가 있는 것으로 관찰되긴 하지만 그 정도가 미미하다는 점을 잊지 마세요.[3][24] 그리고 바이노럴 비트를 제공하는 온라인 사이트는 법적 문제가 있을 확률도 배제할 수 없습니다. 해당 사

----

3) 바이노럴 비트를 직접 들어보고 싶다면 다음 웹사이트를 방문해 보세요. https://en.wikipedia.org/wiki/Beat_(acoustics)

이트에서 어떤 식으로 주장하든 간에 전부 믿어서는 안 됩니다. 또 한 가지 유의할 점은 바이노럴 비트는 특정 음악에 삽입되는 경우가 많은데 오히려 그 음악이 바이노럴 비트의 긍정적인 효과를 상쇄할 우려가 있다는 것입니다.

명상과 요가

집중력을 강화하는 방법으로 명상을 추천하는 사람이 많습니다. 명상도 두 가지로 나뉩니다. 만트라 명상처럼 고도의 집중을 요구하는 것과 마음챙김 명상처럼 열린 마음으로 관찰하는 것이 있습니다. 전자는 집중력 강화에 주안점을 둔 직접적인 훈련 방법이며, 실제 효과가 나타나는 데 여러 달이 걸립니다. 반면에 열린 관찰 형태의 명상은 기분을 좋게 하거나 마음을 편하게 해 주는 간접적인 방식으로 인지력에 도움을 줍니다. 한 가지 문제점이 있다면 지금까지 명상을 주제로 수많은 연구가 이루어졌지만 과학적 연구 절차를 적용한 사례가 많지 않다는 것이죠. 명상은 아직 더 많은 연구가 이루어져야 하는 분야입니다.[25]

일부 연구결과를 살펴보면, 요가를 하면 인지력이 향상되고 분산 모드에서 기억의 연결고리가 강화될 수 있습니다.[26] (분산 모드가 궁금하다면 제2장을 참조하세요.) 그렇지만 요가의 효과에 관한 연구는 명상보다 더 미흡한 수준입니다. 아직은 요가의 효과에 대해 확정적으로 말하기가 어려워 보입니다.

● ● ●

이번 장에서는 공부할 때 집중력을 높이는 방법을 살펴보았습니다. 하지만 집중만 한다고 해서 공부가 잘되는 것은 아닙니다. 특정 부분에서 전혀 이해되지 않거나 머리가 잘 돌아가지 않을 때도 있으니까요. 이런 문제가 궁금하다면 다음 장을 계속 읽어 보세요!

1장에서 기억할 점

- **포모도로 기법은 미루는 습관을 없애는 데 가장 효과적인 방법입니다.** 포모도로 기법을 적용하는 방법은 다음과 같습니다.
    - 집중에 방해가 될 만한 것을 모두 치웁니다.
    - 타이머로 25분을 설정합니다.
    - 25분 동안 최대한 집중하려고 노력합니다.
    - 5분 정도 머리를 식힙니다. 자기 자신에게 주는 작은 보상이라고 생각하면 됩니다(필요하다면 휴식 시간 5분도 타이머를 설정하세요).
    - 이런 식으로 포모도로 기법을 반복 적용해서 주어진 학습 범위를 끝내거나 과업을 완성하세요.
- **고민거리가 있으면 미루게 됩니다.** 하기 싫은 일을 떠올리면 불안이나 회피와 같은 부정적인 감정이 생깁니다. 이런 감정 때문에 미루는 태도가 생기기도 합니다. 일단 공부를 시작하면 부정적인 감정은 비교적 빠르게 사라질 겁니다.
- **멀티태스킹은 될 수 있는 대로 하지 마세요.** 멀티태스킹 자체가 나쁘다는 말은 아닙니다. 하지만 인지 활동의 효율을 생각한다면 멀티태스킹은 학습 효율에 도움이 되지 않습니다.

- **주변 환경에서 방해 요소를 찾아내어 최대한 제거해 보세요.** 컴퓨터나 스마트폰 등의 알림 설정을 모두 끄세요. 시각·청각적인 자극은 물론이고 진동도 차단해야 합니다. 그리고 스마트폰은 아예 보이지 않는 곳에 두거나 멀리 치워버리세요.
- **불가피하게 잠시 하던 일을 멈춰야 한다면, 어디까지 했는지 머릿속에 기억해두세요.** 그러면 나중에 다시 집중하기가 쉬워집니다.
- **짧게 자주 휴식 시간을 갖도록 하세요.** 한 가지 일에 장시간 몰두하면 분명히 지치게 되어 있습니다. 이런 방식은 절대 효율적이지 않습니다.
- **일하거나 공부할 때 음악을 틀어놓는 것을 좋아한다면, 음악이 주의 집중에 방해가 되지 않도록 하세요.** 이미 잘 아는 내용을 공부하거나 학습 효율이 매우 좋은 상황이 아니라면, 공부할 때 음악을 틀어놓는 것은 별로 권장하지 않습니다.

LIFELONG LEARNER

PART 02

+ × +

풀리지 않는 문제를 푸는 방법

LIFELONG LEARNER

    어느 날 (이 책의 저자인) 올라브가 날리던 드론이 아주 높은 나뭇가지에 걸리고 말았습니다. 사다리를 놓고 올라가도 손이 닿지 않고 돌을 던져서 드론을 맞추기도 어려울 정도로 높이 걸렸죠. 나무를 타고 올라갈 엄두도 나지 않았습니다. 하필이면 아주 가는 가지에 드론이 아슬아슬하게 걸려 있었으니까요. 올라브는 자기 몸이 드론처럼 나뭇가지에 위태롭게 매달려 있는 느낌이 들었습니다. 이럴 때는 어떻게 해야 할까요? 결국 올라브는 아무것도 하지 않고 일단 그냥 내버려 두었습니다. 다행히도 그렇게 한 덕분에 드론을 다시 손에 넣을 수 있었습니다. 어떻게 된 건지 자세한 이야기는 나중에 다시 알려 줄게요.

공부를 하거나 일을 하다 보면 이해가 안 되거나 문제가 풀리지 않아서 답답할 때가 있습니다. 에세이를 써야 하는데 빈 종이를 앞에 놓고 한 문장도 쓰지 못한 채 쩔쩔매거나, 새로운 코딩 방식이 이해되지 않아서 머릿속이 새하얗게 변할 때가 있을 겁니다. 그런 순간에는 잠깐 머리를 식히거나 그 일을 덮어두고 잠시 다른 일을 해 보면 머릿속이 정리되면서 막혔던 부분이 해결될 수도 있습니다. 두뇌가 어떻게 작동하는지 이해하면 이런 어려운 문제에 대처하는 데 도움이 됩니다. 또 학습 속도를 더 높일 수도 있습니다. 그러면 두뇌에 대해 한번 알아볼까요?

집중 모드와 분산 모드

✦ ✕ ✦

두뇌에는 완전히 다른 두 가지 모드가 있는데, 생각할 때와 학습할 때 사용됩니다. 집중 모드에 대해서는 1장에서 읽어 보셨죠? 집중 모드는 말 그대로 한 가지에 집중한 상태를 가리킵니다. 물리학 문제의 해설 부분을 읽거나 새 단어를 암기할 때 본인이 얼마나 집중하는지 생각해 보면 됩니다.

| 집중 모드 | 분산 모드 |

공부를 하면 왼쪽의 집중 모드와 오른쪽의 분산 모드를 반복하게 됩니다.

나머지 하나는 **분산 모드**입니다. 분산 모드 역시 생각할 때와 학습할 때 사용됩니다.[1] 분산 모드에서도 사고의 흐름이 이어지지만 특정 대상에만 집중하는 것은 아닙니다. 예를 들어 샤워하는 중에, 버스를 타고 가다가, 산책하다가 또는 잠들기 전에 갑자기 좋은 아이디어가 떠오를 때가 있는데 이런 것이 바로 분산 모드에 해당합니다. 분산 모드에서는 집중 모드와 다른 방식으로 다양한 아이디어를 서로 연결할 수 있습니다. 그래서 산책을 하거나 샤워할 때 독창적인 생각이 떠오르거나 통찰력이 번뜩이게 되는 것입니다.

새롭고 어려운 것을 배우려면
집중 모드와 분산 모드를 왔다 갔다 하세요

✚ ✕ ✚

이미 알고 있는 개념을 기초로 하여 관련된 지식을 습득할 때는 집중 모드만으로도 충분합니다. 예를 들어 14+32처럼 별로 어렵지 않은 덧셈을 하려면 집중 모드가 필요합니다.

그렇다면 더 어렵고 새로운 개념을 배울 때는 어떻게 해야 할까요? 심장의 다중 펌프 시스템이나 수학의 미분과 같은 어려운 개념을 처음 배우거나 스케이트보드를 두 바퀴 돌리는 더블킥플립이라는 고급 기술을 습득해야 한다고 가정해 봅시다.[4] 아마 평소보다 훨씬 긴장한 상태에서 고도의 집중력을 발휘할 겁니다. 그래도 잘 이해가 되지 않아서 집중력을 더욱 끌어올려 보지만 결과는 만족스럽지 않을 겁니다.

이럴 때 휴식 시간을 가지면 의외로 놀라운 결과를 얻을 가능성이 큽니다. 몇 시간 정도도 괜찮고 하룻저녁 쉬는 것도 좋습니다. 그러면 분산 모드가 마법을 부린다고 할 만한 순간을 경험하

---

[4] 두뇌를 사용하는 학습뿐만 아니라 신체를 사용하는 동작을 배울 때에도 장기 기억에 신경 사슬이 형성됩니다. 자세한 내용은 6장에서 살펴보겠습니다.

게 됩니다. 머리를 식힌 후에 문제에 다시 집중하면 좀처럼 보이지 않던 해결의 실마리가 갑자기 생각나는 것이죠. 그때 무릎을 '탁' 치며 '바로 이거야!'라고 외치게 되는 겁니다.

집중 모드와 분산 모드의 차이를 명확히 이해할 수 있도록 다음의 예를 들어보겠습니다.

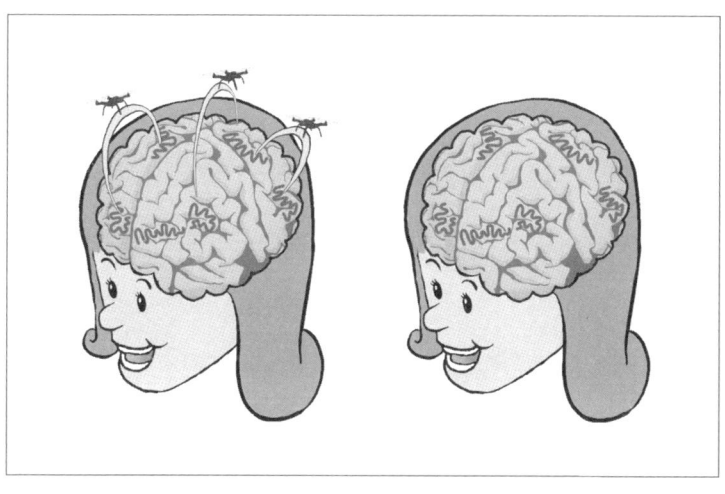

이 삽화는 두뇌를 미로로 표현해서 집중 모드와 분산 모드에서 두뇌가 어떻게 사용되는지 보여줍니다. 집중 모드는 아는 분야를 학습할 때 이미 만들어진 경로를 활용하는 것입니다. 반면 분산 모드에서는 소형 드론이 미로의 여러 부분을 날아다니며 새로운 경로를 어떻게 형성할지 탐색하는 것입니다.

우리의 두뇌는 미로에 비할 수 있습니다. 그동안 익힌 많은 개념과 사고 처리 과정이 여러 방향으로 뻗어 있는 미로의 경로를 구성하고 있죠. 집중 모드에 돌입하면 사고의 흐름은 미리 만들어져 있는 경로를 따라 진행됩니다.[2] 앞 페이지의 삽화에 표시된 경로가 바로 미리 만들어진 것들이죠.

특히 곱셈 문제처럼 비교적 친숙한 문제에 집중할 때는 미로의 특정 부분에 이미 만들어져 있는 경로를 사용하게 됩니다. 그러다가 집중 대상, 즉 학습 내용을 달리하여 이미 익힌 외국어의 동사 연결 문제에 집중하면 미로에 만들어져 있는 또 다른 경로를 사용하게 되겠죠.

하지만 지금까지 한 번도 접해보지 않은 문제를 푸는 것은 집중 모드로 해결하기가 어렵습니다. 기존에 만들어 놓은 경로가 전혀 없으니까요.

이럴 때 분산 모드를 사용하면 어떨까요? 이는 쉽게 말해서 날쌘 소형 드론 몇 대를 미로의 여러 지역으로 보내는 것에 비할 수 있습니다. 드론은 미로 이곳저곳을 날아다니면서 연결하지 못했던 문제를 연결할 방법을 찾아낼 겁니다. 그러니 어려운 문제를 해결하거나 새로운 것을 만들어 내야 할 때는 분산 모드를 활용하세요. 두뇌에 새로운 경로를 만들어서 이해력과 활용력을 높여 줄 겁니다.

종종 본인도 모르는 사이에 분산 모드를 사용하게 됩니다. 어떤 문제를 붙들고 한참 동안 고민했는데 어느 날 갑자기 그 문제가 '이해'되면서 처리 방법이 떠올랐을 때가 있죠? 자료 분석 중에 까다로운 문제가 갑자기 해결되거나 기타를 배우는 사람이 어려운 코드를 배우느라 며칠 고생하다가 어느 순간에 갑자기 그 코드를 자유자재로 다루게 되는 경

> **요점 정리**
>
> 특정 주제에 계속 집중하는 동안에는 분산 모드가 작동하지 않습니다. 일단 그 주제에서 주의를 '완전히' 딴 곳으로 돌려야만 비로소 분산 모드가 작동하게 됩니다.
>
> 집중 모드를 통해 학습하는 내용에 열심히 집중한 후에 분산 모드를 사용해야만 깨달음의 순간을 맛볼 수 있습니다.

우, 새로운 마케팅 방법이 번뜩 떠오르는 경우는 모두 분산 모드가 작동한 결과라고 할 수 있습니다. 소형 드론이 새로운 경로를 만드는 순간에 바로 그런 '깨달음'이 찾아옵니다.

분산 모드에서 새로운 아이디어의 실마리를 찾았다면 다시 집중 모드에서 그 아이디어를 발전시킬 수 있습니다. **학습은 집중 모드와 분산 모드를 여러 차례 반복하는 과정을 통해 이루어지는 것**이죠. 벽에 부딪히기 전까지는 집중 모드가 필요합니다. 즉 배우려는 내용에 온전히 전념해야 합니다. 그 후에 잠깐 쉬는

시간을 가지면 자신도 모르는 사이에 집중 모드에서 처리하던 내용이 분산 모드로 처리되기 시작합니다. 휴식 시간이 끝나고 다시 집중하기 시작하면 내용이 한결 쉽게 느껴질 겁니다. 이렇게 집중 모드와 분산 모드를 반복하면서 성공적인 학습이 이루어집니다.

분산 모드에 들어가는 방법

어떤 주제를 해결하기 위해 분산 모드에 들어가려 한다면 먼저 그 주제에 대해 최대한 집중해서 생각해 보세요. 그러다가 잘 이해되지 않거나 해결 방법이 떠오르지 않는 순간이 오면 그때 멈추어서 주의를 다른 데로 돌리는 겁니다.

머리를 쓰지 않고 편하게 할 수 있는 허드렛일이야말로 분산 모드로 전환하기에 가장 좋은 방법입니다. 이를테면 양치질하기, 설거지하기, 다림질하기, 산책하기, 샤워하기, 아니면 버스를 타고 어딘가로 이동하기나 눈을 감고 잠시 누워서 쉬는 것 등이 있겠지요. 이런 활동을 하면 집중력은 거의 사용할 필요가 없습니다(그렇다고 해서 너무 방심하면 걷다가 벽에 부딪힐 수 있으니 조심하세요). 그래서 두뇌가 자유로워지는 것이죠.

집중력을 사용하다가 중단하면 자연스럽게 분산 모드로 바뀌게 됩니다. 물론 분산 모드가 유지되는 시간은 매번 다를 겁니다. 쉽게 말해서 눈을 깜빡이는 것도 엄밀히 말하면 분산 모드입니다. 하지만 이건 두뇌가 처리 모드를 변경하기에는 너무 짧은 시간입니다. 낮에 잠깐 멍하게 앉아 있거나 딴생각을 할 때가 있을 겁니다. 그런 순간이 바로 분산 모드입니다. 여유롭게 산책하는 순간에도 분산 모드가 작동합니다. 이렇게 우리는 하루에도 몇 번씩 집중 모드와 분산 모드를 반복하게 됩니다.

분산 모드의 활용 예시

- 저녁 식사를 하기 전에 어려운 주제에 대한 글을 쓰기 시작하세요. 그러면 저녁을 먹는 동안 분산 모드가 역할을 할 수 있습니다.
- 휴식 시간을 갖기 직전에 난이도가 높은 문제를 풀어 보세요.
- 잠들기 전에 내용이 어려운 글을 읽어 보고, 다음 날 아침에 일어나서 그 내용을 다시 살펴보세요.
- 샤워 직전에 까다로운 문제나 중요한 문제를 다시 한번 검토해 보세요.
- 쇼핑하러 가기 전에 암기해야 할 단어 목록을 훑어보세요.

집중력이 떨어지면서 분산 모드로 넘어가는 것을 시간 낭비라고 생각할 필요는 없습니다. 학습에서 분산 모드는 전략적 무기와 같습니다. 지혜롭게 사용하면 어려운 문제의 해결책을 찾거나 깊이 있는 내용을 이해하는 데 도움이 되니까요. 게다가 분산 모드는 창의력과도 밀접한 관련이 있습니다.[3]

이상한 말처럼 들릴 수도 있지만, 당신은 어떤 한 문제에 대해서 집중 모드 상태에 있으면서 동시에 또 다른 문제에 대해서는 분산 모드 상태에 있을 수 있습니다. 이 점을 활용해서 학습 효과를 최대화한 것이 바로 '하드 스타트 Hard Start' 방법입니다.

숙제를 하거나 시험을 칠 때는 하드 스타트를 적용하세요

$+ \quad \times \quad +$

하드 스타트는 분산 모드를 활용해서 난이도가 높은 시험 문제를 풀거나 어려운 과제를 해결하는 방식입니다. 방법은 다음과 같이 매우 간단합니다.

1. 과제 내용이나 시험지를 처음부터 끝까지 훑어보면서 어려워 보이는 부분을 표시해 두세요.

2. 가장 어려운 문제부터 풀기 시작합니다. 아마 몇 분 지나지 않아서 풀이 과정이 막혀버릴 겁니다.
3. 더 이상 풀리지 않는다는 느낌이 들면 그대로 두고 쉬운 문제로 넘어가세요.
4. 쉬운 문제를 한두 개 풀고 나서 좀 전에 중단한 어려운 문제를 다시 풀어보세요.

쉬운 문제를 풀고 나서 어려운 문제를 다시 보면 어려운 문제가 의외로 술술 풀린다는 느낌을 받게 됩니다. 정말 신기하죠? 우리가 쉬운 문제를 푸는 동안 분산 모드가 어려운 문제를 계속 처리하기 때문입니다.[4] 우리는 어떤 문제를 일단 풀기 시작하면 현재의 방법만으로 답을 찾으려는 경향이 있습니다. 하지만 그 방법이 잘못된 것이라면 아무리 애써도 답이 나오지 않을 거예요. 잠시 다른 문제로 눈을 돌리면, 어려운 문제에 대한 생각을 재부팅하게 됩니다. 그래서 다른 문제를 풀고 나서 다시 어려운 문제를 보면 더 나은 해결책이 생각날 수 있는 거예요.[5]

가장 어려운 문제를 뒤로 미루거나 시험 시간이 끝나기 직전에 푸는 것은 좋은 방법이 아닙니다. 그때는 이미 뇌가 지쳐 있기 때문에 최대 역량을 발휘할 수 없거든요. 게다가 시간이 촉박한 상태에서 어려운 문제를 풀면 분산 모드가 작동할 시간이 없다는 문제도 있습니다.

한 가지 주의할 점이 있습니다. 하드 스타트는 과제 준비나 시험공부를 어느 정도 진행한 상태에서만 효과가 있습니다. 분산 모드에서 드론은 이미 만들어져 있는 정보의 뭉치들을 찾아서 서로 연결하는 일만 해주니까요.

하드 스타트는 서술형 문제에도 잘 맞는 방법입니다. 일단 개략적인 내용을 작성해 보세요. 바로 서술형 문제의 답을 쓰라는 말이 아닙니다. 답안의 개요만 작성해 두고 다른 문제로 넘어가면 됩니다. 분산 모드가 작동할 수 있도록 어느 정도 시간이 흐른 뒤에 다시 서술형 문제로 돌아와서 본격적으로 답안을 쓰면 됩니다.

> **요점 정리**
>
> 시험을 칠 때 포기하지 않고 끝까지 노력하는 것도 중요하지만 문제를 풀다가 도중에 멈출 줄도 알아야 합니다. 어려운 문제를 붙들고 씨름하다가 자기가 풀 수 있는 쉬운 문제를 다 놓쳐서 시험을 망치는 경우가 종종 있습니다. 어려운 문제를 풀기 위해 노력하는 태도는 칭찬할 만하지만, 접근 방식을 바꿀 생각을 하지 않고 계속 그 문제만 붙들고 늘어지는 것은 현명한 방법이 아닙니다.

글의 초안을 쓸 때는
분산 모드를 이용하세요

✛ ✕ ✛

　보고서를 쓰거나 글을 쓸 때 초안을 완성하는 것이 가장 어렵다고 합니다. 왜 그럴까요? 글을 쓸 때 문장 하나를 쓰면 곧바로 수정, 보완하려는 경향이 있기 때문이죠. 머릿속에 문장을 하나 완성했다가도 종이에 써보지도 않고 아예 버리는 경우도 많습니다. 이런 식으로 모든 문장을 세세히 고치는 것은 신발 끈을 풀었다 묶기를 반복하느라 정작 신발을 신고 한 걸음도 걷지 못하는 것과 같습니다. 아무 데도 가지 못한 채 시간만 흐르는 거죠.

　집중 모드에 적합한 일(수정하기)과 분산 모드에 적합한 일(초안 쓰기)을 동시에 하려는 것이 문제입니다. 한 가지 좋은 방법은 컴퓨터 화면을 가리거나 아예 끄고 화면에 나오는 글을 볼 수 없도록 한 상태로 초안을 쓰기 시작하는 것입니다. 종이에 초안을 쓴다면 방금 자기가 쓴 내용은 다시 보지 않고 계속 쓰기만 하세요. 처음에는 굉장히 어색하게 느껴질 겁니다. 하지만 단어 하나하나를 고치지 않고 머릿속에 떠오르는 대로 글을 써 내려가는 것이 더 중요합니다. 그러면 생각보다 훨씬 빨리 초안을 완성할 수 있습니다. 초안의 핵심은 머릿속의 생각을 글로 쏟아내는 것입니다. 초안의 내용이 얼마나 좋고 나쁜지 평가하는 것은 초안을 쓸 때 할 일이 아닙니다. 그 작업은 글을 수정하고 보완하는 단계에서 하면 됩니다.

이렇게 글쓰기 과정을 분산 모드(이 단계에서는 수정 금지)와 집중 모드(본격적인 수정 작업)로 나누어서 진행하면 더욱 빠르고 편안하게 글을 완성할 수 있습니다.

> **라이트 오어 다이** Write or Die
>
> 위키드 박사가 만든 이 어플에는 1분당 쓰고 싶은 단어 수를 설정해 놓고, 목표에 미치지 못했을 때 시각적·청각적으로 일부러 스트레스를 주는 기능이 있습니다. 또 '카미카제 모드'라는 기능도 있는데 글쓰기 속도가 너무 느리면 이미 쓴 글을 지워버리는 것이죠. 직접 사용해 보면 의외로 재밌다는 생각이 들 겁니다.(writeordie.com에서 웹용 프로그램을 20~30달러에 구매할 수 있으나 한글 버전은 없음 - 감수인)

커피숍에서
분산 모드를 활성화해 보세요
✛ ✕ ✛

새 단어를 외우거나 해부학 용어를 외울 때처럼 암기량이 유독 많은 과목을 공부할 때가 있습니다. 그럴 때는 조용한 곳에서 공부하는 것이 유리합니다. 그러나 역사의 흐름, 교량 건설, 해부학 개념의 이해와 같이 어려운 개념을 익히거나 이해할 때는 집중 모드를 잠시 벗어나 분산 모드를 즐길 수 있는 환경이 좋습니다. 그렇게 하면 이해하기 어려운 개념을 새로운 시각으로 볼 수 있기 때문이죠.[6] 커피숍에 가면 간간이 주변 사람의 목소리, 컵을 내려놓거나 씻는 소리도 들릴 겁니다. 그런 소리가 분산 모드를 유발하는 계기가 될 수 있습니다. 커피숍에서 나는 소리를 들려주는 앱도 있다고 하네요. 그러면 커피숍에 직접 가지 않고도 그곳의 분위기를 누릴 수 있을 겁니다.

> '배경' 소음을 사용할 수 있는 앱이나 웹사이트
> - 커피티비티(Coffitivity)
> - 심플리노이즈(SimplyNoise)
> - 노이즐리(Noisli)
> - 마이노이즈(myNoise.net)

드론을 되찾은 비결

✛ ✕ ✛

    2장 처음에 잠깐 언급했던 올라브의 드론 이야기로 돌아가 볼까요? 높은 나뭇가지에 걸려버린 드론은 어떻게 되었을까요? 올라브는 어떻게 드론을 내릴지 더 이상 고민하지 않기로 했었죠. 다르게 말하면 올라브는 문제를 해결하려고 집중 모드를 사용하다가 분산 모드로 전환한 겁니다. 바로 그때 갑자기 좋은 생각이 떠올랐습니다. 올라브는 화살에 낚싯줄을 묶은 다음 드론이 걸려 있는 나뭇가지에 쏘았습니다. 화살이 나뭇가지에 걸렸을 때 낚싯줄을 당기자 드론이 땅으로 떨어지면서 문제는 손쉽게 해결되었습니다.

• • •

    2장에서는 집중 모드와 분산 모드를 적절히 사용하면 어려운 문제를 비교적 쉽게 해결할 수 있다는 점을 배웠습니다. 이어지는 3장에서는 두뇌를 심도 있게 살펴보고 학습한 정보를 장기 기억으로 옮기는 효과적인 방법을 배우도록 하겠습니다.

2장에서 기억할 점

- **집중 모드**는 친숙한 문제를 해결하거나 어려운 내용을 일단 머릿속에 넣을 때 도움이 됩니다. 어려운 내용을 본격적으로 처리하는 데에는 분산 모드가 꼭 필요합니다.
- **분산 모드**는 처음 접하는 어려운 과제를 이해하거나 해결할 때 도움이 됩니다. 예를 들면 새로운 회계 개념 이해하기, 검색엔진 최적화하기, 야외 골프장에서 바람이 심하게 불 때 퍼팅 성공시키기는 분산 모드로 해결해야 할 과제입니다.
- **학습은 집중 모드와 분산 모드를 반복하는 과정입니다.** 어려운 내용을 공부하다 보면 막다른 골목에 다다른 것처럼 답답할 때가 있습니다. 바로 그런 순간에 집중 모드를 중단하고 분산 모드를 사용해야 합니다. 달리 말하면 휴식 시간을 갖거나, 다른 일을 하는 거죠. 그렇게 하면 우리가 인지하지 못하지만 뇌에서는 일을 계속 처리하므로 막혔던 부분을 해결할 수 있습니다.
- **하드 스타트 방법을 사용해 보세요.** 과제를 처리하거나 시험 문제를 풀 때 가장 어려운 문제부터 시작하세요. 문제를 풀다가 막히면 일단 멈춰서 다른 문제로 넘어가세요. 시간

이 조금 흐른 뒤에 다시 그 문제를 보면 어떻게 풀어야 할지 생각날 확률이 높습니다.

- **보고서나 글의 초안을 쓸 때 중간에 수정하지 마세요.** 컴퓨터 스크린을 보지 않고 입력하세요. 그러면 바로 수정하고 싶은 유혹을 피할 수 있을 겁니다.

LIFELONG LEARNER

PART 03

+ × +

깊이 있게 학습하는 방법

LIFELONG LEARNER

　당신도 중요한 시험을 앞두고 열심히 공부한 기억이 있을 겁니다. 아마 기본 개념을 정리하고 중요한 부분은 하이라이트 표시를 하고, 필기한 내용을 여러 번 읽었을 겁니다. 그런데도 시험을 잘 보지 못했나요?

　그렇다면 두뇌가 어떤 방식으로 학습하는지 알 필요가 있습니다. 시험을 잘 볼 수도 있고 학습한 내용이나 기술을 금방 잊어버리지 않을 수 있으니까요. 그러나 아무것도 없는 백지상태에서는 학습이 이루어지지 않는답니다. 운동과 수면도 두뇌가 지식을 흡수하는 데 중요한 역할을 하고요. 3장에서는 이런 점을 자세히 살펴볼 겁니다. 자! 집중하세요!

학습은 연결을 만드는 과정입니다

✛ ✕ ✛

　학습은 뉴런이라는 신경세포의 연결고리를 만드는 과정입니다. 뉴런은 신경세포의 '기본 구성요소'입니다. 두뇌에는 뉴런이 약 860억 개나 있으므로 새로운 것을 배울 능력이나 공간이 부족할까 봐 걱정할 필요는 없습니다.

　뉴런과 뉴런의 연결지점을 시냅스라고 합니다. 팔을 길게 뻗어서 옆에 앉은 사람의 발가락을 만진다고 생각해 보세요. 그처럼 어떤 뉴런의 '팔'(축삭돌기)이 뻗어나가서 다른 뉴런의 '발가락'(수상돌기 가시)에 닿으면 시냅스가 형성됩니다.

　이렇게 해서 뇌에 새로운 정보가 자리를 잡게 됩니다. 뉴런 뭉치들 사이에 새롭게 연결된 사슬이 장기 기억에 생긴 겁니다. 댄스 동작을 배우든 라틴어 단어를 외우든 처음 보는 수학 개념을 배우든 이 과정은 동일하게 적용됩니다.

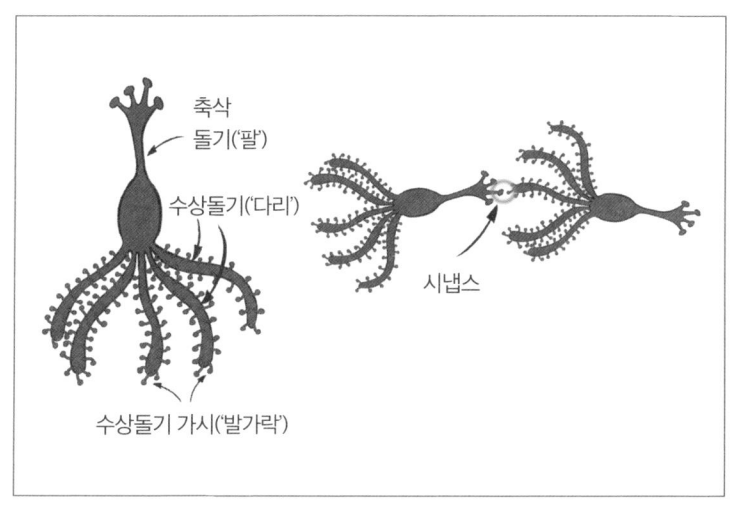

왼쪽 그림: 뉴런은 두뇌의 구성요소입니다.
오른쪽 그림: 학습을 할 때 두뇌에서는 뉴런과 뉴런 사이에 연결고리가 만들어집니다. 어떤 뉴런의 '팔'(축삭돌기)이 뻗어나가서 다른 뉴런의 '발가락'(수상돌기 가시)에 닿게 되는데, 그 연결지점을 시냅스라고 합니다.

　이미 배운 내용과 관련 있는 것을 공부한다고 생각해 봅시다. 4×25라는 문제를 풀거나 '집'을 뜻하는 영어 단어를 떠올리거나 '응축'이라는 단어에 대해 생각할 때 뉴런들이 서로 신호를 주고받는데, 이 경우에는 이미 형성되어 있는 시냅스를 통해 신호가 전달됩니다. 제대로 공부한 내용이 쉽게 생각나는 이유는 뉴런 간 연결통로가 확고하기 때문입니다. 간단히 말해서 뉴런 간 연결이 강할수록 학습 효과가 높은 것이죠.

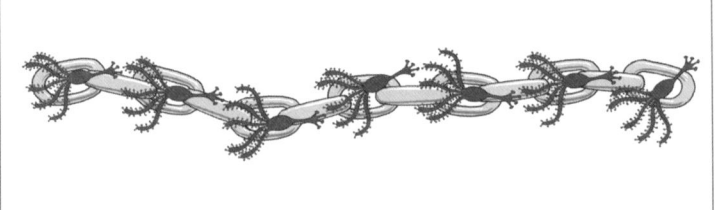

이 삽화에서 보여주는 한 줄로 연결된 뉴런의 묶음은 장기 기억에 저장된 학습 내용을 의미합니다. 이렇게 연결된 뉴런 묶음은 (뉴런 묶음 밑에 있는 그림인) 사슬에 비유할 수 있습니다.

단순한 것을 공부할 때는 뉴런 사슬(신경 사슬)이 짧게 형성됩니다. 반대로 복잡한 내용을 학습하면 뉴런 사슬이 길어지고 다른 사슬과 서로 복잡하게 얽히기도 합니다. 기타를 배우려면 코드를 익혀야 하는데요, 각각의 코드를 배울 때에는 짧은 사슬이 생기는 것으로 생각하면 됩니다. 하지만 노래 한 곡을 완벽히 연주하는 방법을 배울 때에는 훨씬 긴 사슬이 생겨야 하므로 노력이 무척 많이 듭니다. 다른 예시를 들어볼까요? '은유'라는 단어 뜻을 익힐 때는 하나의 짧은 사슬이 만들어 집니다. 은유가 사용된 새로운 예문을 접할 때마다 이 단어의 뜻을 익힐 때 만들어진 사슬이 반복해서 사용되므로 그 부분이 강화됩니다. 그리고 그 연결 부분을 중심으로 새로운 사슬이 계속 만들어집니다.

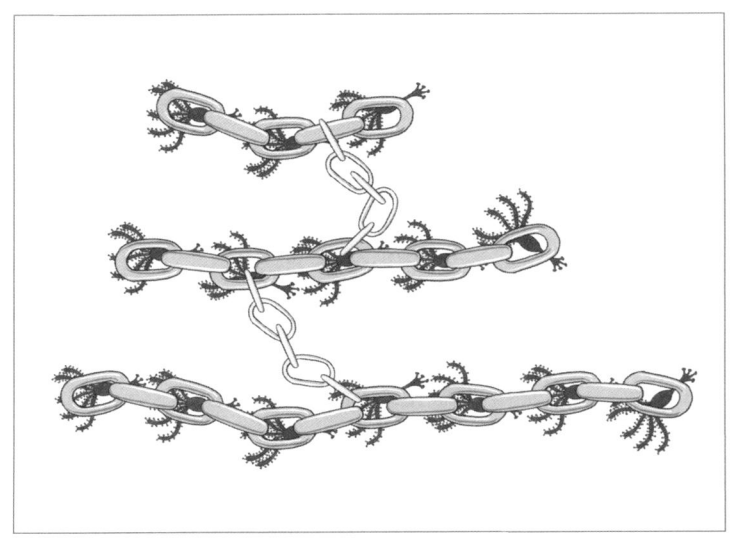

연습을 많이 할수록 뉴런의 연결고리가 두꺼워지고 강화됩니다. 더 복잡한 정보를 흡수할수록 사슬이 더 길어집니다. 비교적 작은 크기의 정보는 맨 위에 있는 연결고리 5개짜리 사슬처럼 길이가 짧습니다. 하지만 복잡한 정보를 흡수할수록 사슬은 점점 길어집니다. 학습 내용이 늘어날수록 서로 다른 개념 간의 관련성과 차이점을 알게 되지요. 그러면 길고 두꺼운 사슬('개념') 사이도 연결됩니다. 그림에서는 비교적 가는 사슬에 연결되어 있는 것으로 표시했습니다. 내용을 이해하고 연습을 반복할수록 두꺼운 사슬과 가는 사슬이 더 많이 생겨나고 서로 더 많이 연결되며, 결국 그 내용을 완벽히 소화한 전문가가 될 수 있습니다. 물론 실생활에서 이루어지는 학습은 이 삽화와 비교할 수 없을 정도로 뉴런이 훨씬 더 많고 복잡하게 연결될 겁니다.

어떤 과목을 공부하든 기술을 배우든 훈련을 하든, 다양한 상황에서 연습하여 생긴 '미리 만들어'져 있는 사슬이 있어야 합니다. 예컨대, 사슬이 다양하고 풍부하게 이미 두뇌에 만들어져 있으면 여러 가지 응용 수학 문제를 남들보다 쉽게 풀 수 있습니다. 그리고 외국어로 자기 생각을 표현하는 것이나 그림을 그리는 것, 문제 해결에 필요한 알고리즘을 구성하는 것도 훨씬 수월해집니다.

능동적으로 공부하세요

＋ ✕ ＋

공부할 때 중요한 것은 능동적인 태도입니다. 그래야 두뇌도 열심히 움직이니까요. 문제를 풀 때 답안지를 금방 보려고 하지 마세요. 능동적으로 직접 문제를 풀어 보세요. 동영상을 보거나 책을 읽은 후에는 핵심 내용을 다시 떠올리면서 정리해 보세요. 이렇게 정신적인 노력을 들여야 축삭돌기가 수상돌기 가시를 향해 뻗어나가면서 단단한 뉴런 연결고리가 두뇌에 만들어집니다.[1] 이런 연결고리가 만들어지는 과정은 잠이 든 후에도 계속됩니다. 하지만 가볍게 흘려듣거나 정신을 온전히 집중하지 않고 책을 읽는 것과 같은 수동적인 학습에서는 이런 효과를 기대할 수 없습니다. 이때는 뉴런이 가만히 있어서 새로운 연결고리가 만들어지지 않기 때문입니다(수동적 학습은 집중 모드 중에서 비효율적인 상태를 가리키는 것입니다. 분산 모드와 다른 개념이니 혼동하지 마세요). **능동적으로 공부하면 얻는 중요한 이점이 한 가지 더 있는데요. 바로 시험 불안도 많이 줄어든다는 점입니다.**[2]

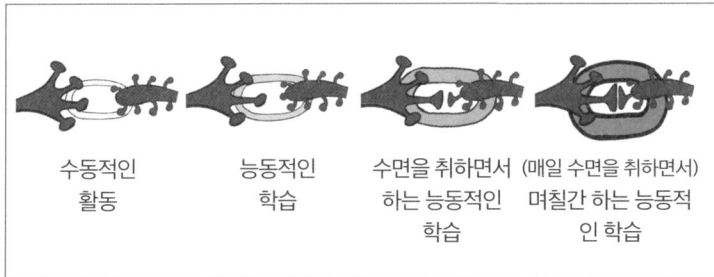

정보를 수동적으로 흘깃 보기만 해서는 왼쪽 첫 번째 그림과 같이 두뇌에서 새로운 뉴런 연결고리를 형성하지 않습니다. 두 번째부터 네 번째 그림에서 보여주듯이 능동적으로 정보를 처리하면 수상돌기 가시가 새로 돋아나서 축삭돌기에 연결됩니다.[3] 연결 부위가 더 커지고 더 짙은 색으로 표시된 것은 새로운 연결고리가 형성되거나 기존 연결이 강화되었음을 의미하는 것입니다.

능동적 학습의 핵심은 '인출 연습'입니다. 쉽게 말해서 글이나 그림과 같은 자료를 그냥 쳐다보는 것이 아니라 기억해 둔 정보를 원할 때 꺼내볼 수 있는지, 그 정보로 어떤 작업을 수행할 수 있는지 스스로 확인해 보는 것이죠. 인출 가능한 정보가 많거나 정보를 인출하는 환경이 다양할수록 뉴런의 연결고리는 강화되고 연결 범위도 더 확장될 수 있습니다.[4]

아이러니하게 들릴지 모르지만 가장 효율적으로 정보를 장기 기억에 저장하는 방법은 답안지부터 확인하는 것이 아니라 장기 기억에서 해당 정보를 인출하려고 시도해 보는 겁니다.

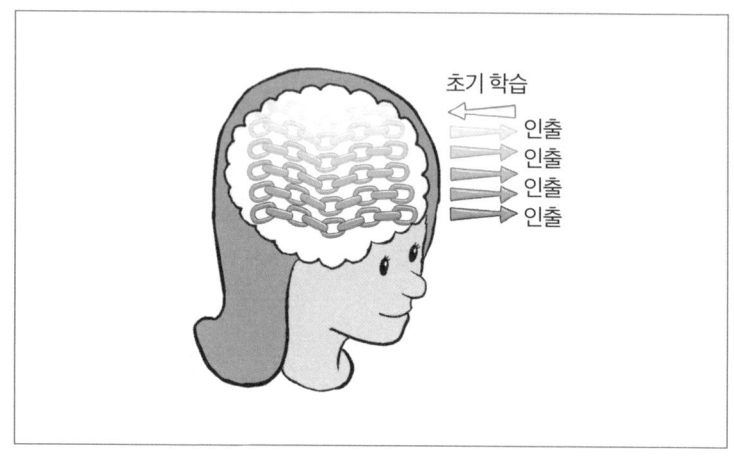

새로운 내용을 처음으로 학습하면 그림과 같이 희미한 사슬이 만들어집니다.
인출 연습을 반복할수록 이 사슬이 강화됩니다.

인출 연습이 중요한 이유가 하나 더 있습니다. 기억에서 정보를 인출하면 자연스럽게 피드백을 받습니다. 잘 아는 내용(즉 쉽게 인출할 수 있는 내용)과 공부를 더 해야 하는 내용(인출하기 어려운 내용)을 구분할 수 있지요. 그뿐만 아니라 그동안 시간을 효율적으로 사용했는지, 아니면 다른 방법으로 공부해야 하는지 판단할 수 있습니다. 그러므로 인출 연습은 본인의 학습을 직접 평가

할 수 있는 '메타인지 전략 metacognitive strategy'으로도 활용 가능합니다. 11장에서 메타인지가 얼마나 중요한 개념인지 그리고 또 다른 메타인지 전략으로는 어떤 것이 있는지 자세히 살펴볼 겁니다.

> **유명한 디지털 플래시 카드 애플리케이션**
> - 안키(Anki)
> - 퀴즈렛(Quizlet)
> - 카후트(Kahoot!)
> - 고컨쿼(GoConqr)
> - 스터디스택(StudyStack)
> - 브레인스케이프(Brainscape)

능동적 학습을 위한 일반적인 방법

능동적인 학습에 도움이 되는 몇 가지 방법을 소개할게요.

- 답안지를 보지 말고 예제를 직접 풀어 보세요(문제를 푸는 과정에서 답안지를 조금이라도 참조했다면 문제를 다 푼 후에, 해당 문제를 처음부터 다시 자기 힘으로 풀어 보세요).
- 책이나 기사, 논문을 읽은 후에 요점을 회상해 보세요. 내용을 보지 않은 상태로 요점을 떠올릴 수 있어야 합니다. 어려운 내용을 읽을 때는 페이지가 넘어갈 때마다 잠시 멈춰서 읽은 내용을 머릿속에 정리해 보세요.
- 학습한 내용에 대해 스스로 질문을 해 보세요.

- 연습문제를 풀어 보세요. 실제 시험처럼 시간을 정해 놓고 한다면 효율성이 높아집니다.
- 노트 필기나 교과서 내용의 요점을 쉬운 말로 바꿔서 설명해 보세요. 어린아이에게 설명한다고 상상하면서 최대한 쉽게 말해야 합니다.
- 친구를 부르거나 소모임을 만들어서 함께 공부하세요. 기본 개념을 정리하고, 배운 내용을 다시 강의 형식으로 말해 보고, 서로의 학습법을 비교해 보세요.
- 암기용 플래시 카드를 만들어서 복습하세요. 직접 만들어도 좋고, 안키, 퀴즈렛과 같은 앱을 사용해도 됩니다.
- 자신이 이해한 것을 다른 사람에게 말로 전달하거나, 주요 개념을 다른 사람에게 가르친다고 생각하고 설명해 보세요.
- 친구가 내는 문제를 맞혀 보세요. (친구가 내는 문제를 풀 때 느끼는 스트레스는 실제 시험에서 느끼는 스트레스에 대처하는 데 도움이 됩니다.)
- 공부를 아직 많이 못 했다는 생각이 들더라도 모의 시험지를 풀어 보세요(연습문제의 답을 찍어서 맞추는 것도 이후에 해당 내용을 학습할 때 도움이 됩니다).[5]

- 본인이 직접 연습문제를 출제해 보세요.
- 설거지를 하거나 산책을 하는 등 일상생활을 할 때 공부했던 내용을 머릿속에 떠올려 보세요.

학습 난이도를 높이면 더 빠르게 발전할 수 있어요

＋ × ＋

뭔가를 배우고 나서 다시 연습을 하면 기분이 좋습니다. 하지만 이 기분에 스스로 속아 넘어가서 쉬운 내용이나 아는 내용만 반복하려 합니다. 예컨대, 외국어를 학습할 때 새로운 단어를 익히려 하기보다는 이미 아는 단어를 복습하려 하죠. 데이터 분석하는 법을 연습할 때도 더 높은 난이도의 문제보다는 간단한 문제를 풀려고 하고, 노래를 연습할 때도 고음이 나오거나 어려운 리듬이 있는 부분보다는 잘하는 부분을 연습하려는 경향이 있습니다.

아마 당신은 이미 아는 내용이나 쉬운 부분을 복습하면 기억을 강화할 수 있다고 생각하는지도 모르겠네요. 하지만 아는 내용이라도 오히려 더 깊이 파고들며 학습할 때 이미 아는 내용에 대한 기억도 강화할 수 있습니다. 달리 말하면 새로운 연결을 만들 때 기존의 연결도 함께 강화된다는 뜻입니다. **학습 수준을 빨리 높이고 싶다면 장기 기억에 새로운 연결을 계속 만들어야 합니다.** 기존에 만들어둔 연결을 강화하는 것만으로는 조금 부족해요. 쉽지 않겠지만 매일 조금씩 학습 난이도를 높여야 합니다.[6]

학습의 깊이를 더하려면

+ × +

날짜, 정의, 사실을 단순히 기억해내는 것과 어려운 개념을 제대로 이해하는 것은 별개의 문제입니다. 어떤 개념을 온전히 이해했다면 새로운 상황에서 그 개념을 설명하고, 종합하고, 분석하고 적용할 수 있어야 합니다. (5장에서 살펴보겠지만 어느 정도의 암기는 개념 이해에 필요합니다. 그렇지만) 암기력만으로는 부족할 때가 있습니다. 이해도를 높이려면 새로 학습한 내용을 이미 알고 있는 지식이나 다른 학습 내용과 능동적으로 연결해야 합니다. 뉴런 사슬끼리 가능한 한 많이 연결하고 폭넓게 연결하여 학습의 망을 만들어야 합니다.

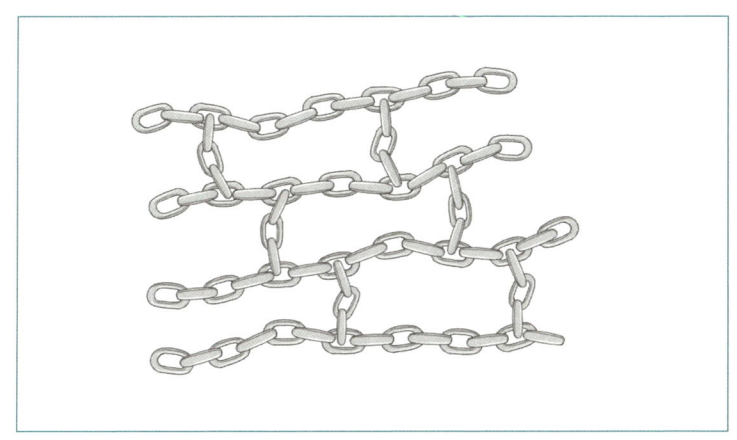

내용을 깊이 이해할수록 서로 연결된 긴 사슬을 형성합니다.

정교화

학습 내용에 대해 필기하거나 토론하는 것 외에도 배운 내용에 대해 적극적으로 생각해 볼 때 신경 사슬을 확장할 수 있습니다. 정교화elaboration라는 방법을 한 번 사용해 보세요. 이것은 '스스로 설명하기'로도 알려져 있는데, 배운 내용을 자신의 말로 바꾸어 능동적으로 설명해 보는 겁니다.[7] 예를 들어 수학 문제를 풀 때, 단계마다 잠시 멈춘 후에 '이 단계가 왜 필요한가?'라는 질문에 어떻게 답할지 생각해 보세요. 논리적 추론 문제를 풀면서 이렇게 풀이 과정의 각 단계를 스스로 설명해 본 학생은 실제 시험에서 90점을 받았지만, 스스로 설명해 보지 않은 학생은 겨우

23점을 받았다는 실험 결과가 있습니다.[8] 새로운 개념을 공부할 때는 자신이 교사라고 생각하면서 그 개념을 어떻게 설명할지 생각해 보세요. 한 가지 설명으로 끝내지 말고 그 개념을 여러 가지 방법으로 다양하게 설명해 보는 것도 중요합니다. 최대한 간단하게 설명하고, 설명 방법을 달리할 때마다 더 효과적으로 설명하려고 노력해 보세요. 가능하다면 예시도 사용해 보기 바랍니다.

교차 학습

신경 사슬을 확장하는 또 다른 중요한 방법은 바로 인터리빙 interleaving이라고도 하는 교차 학습입니다. 이 방법을 사용하면 여러 가지 개념을 이해하는 것에 더해, 각 개념이 서로 '어떻게 다른지' 파악하게 됩니다.[9] 교차 학습이란 다양한 유형을 학습하거나 여러 개념을 섞어서 학습하는 것을 가리킵니다. 이는 하나의 개념을 집중적으로 습득한 후에 다음 개념으로 넘어가는 방식인 구획 학습과는 정반대라고 할 수 있죠.

교차 학습은 학습자가 자신에게 필요한 사슬을 찾아내는 연습 과정입니다.

화가 10명의 화풍에 대해 공부해야 한다고 생각해 봅시다. 일단 책상에 앉아서 첫 번째 화가의 작품 십여 편을 살펴보겠죠. 그러고 나서 두 번째 화가의 작품을 모아서 감상합니다. 이런 식으로 열 번째 화가의 작품까지 모두 살펴봅니다.

아마 대다수 학생은 이처럼 화가별로 작품을 공부하고 싶을 겁니다. 그렇지만 여러 화가의 작품을 무작위로 교차해서 공부해야 합니다. 예를 들자면 모네의 작품을 본 후에 반 고흐 작품을 보았다가 고갱의 작품으로 넘어가는 겁니다. 이렇게 공부하면 머릿속에 작품들이 뒤섞일까 봐 걱정되는 사람도 있겠지만 오히려 이 방법으로 해야 화풍의 차이를 온전히 파악할 수 있습니다.[10]

즉 패턴을 인식하는 속도가 빨라집니다. 학습 초반에는 조금 힘들겠지만 한번 시도해 보세요. 전체 내용을 학습하는 데 드는 시간이 확 줄어들 겁니다.

스포츠도 비슷한 점이 있습니다. 과거에는 코치가 단계를 정해 놓고 선수가 단계별 기술을 차례로 연습하게 했습니다. 테니스를 예로 들어 볼까요? 시간을 정해 놓고 포어핸드 기술을 반복적으로 연습하죠. 그 연습이 끝나면 백핸드 연습으로 넘어갑니다. 그다음에 공이 바닥에 떨어지기 전에 바로 쳐서 넘기는 발리 volley 를 배우는 식이죠. 그런데 연구 결과에 의하면 여러 가지 기술을 교차하는 방식으로 연습하면, 다시 말해서 포어핸드, 백핸드, 발리 기술을 섞어서 연습하는 경우에 실전 경기에서 훨씬 좋은 성적을 얻을 수 있다고 합니다. 왜 그럴까요? 교차해서 연습하면 각각의 기술을 익힐 뿐만 아니라 상황에 맞추어 필요한 기술로 빨리 전환하는 것도 연습할 수 있으니까요. 이렇게 교차 학습의 효과가 입증되자 스포츠 코칭 분야에서도 큰 변화가 일어나고 있습니다.[11]

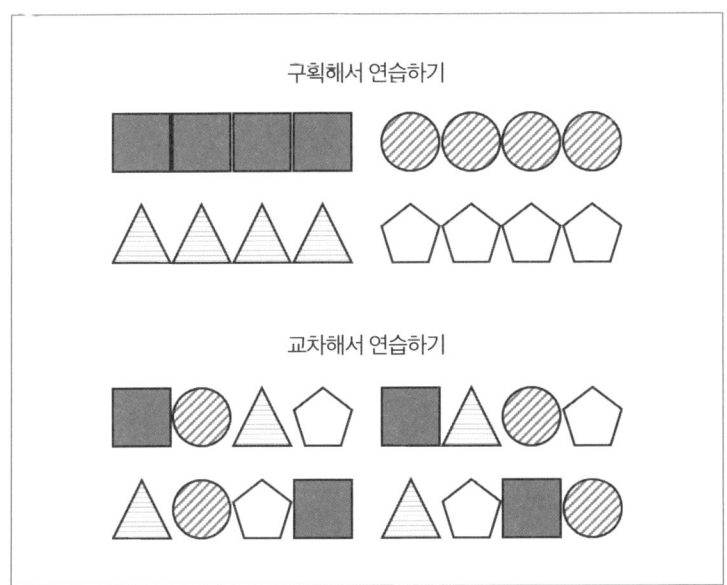

안타깝지만 교차 학습법을 사용하지 않는 강사나 교과서가 우리 주변에 너무 많습니다. 통계학의 다양한 확률 분포 개념을 배운다고 생각해 보세요. 교과서에는 이항분포에 관한 연습문제 10문항이 나올 겁니다. 그다음에 기하분포 연습문제 10문항이 나오지요. 그러면 학습자는 각 분포를 따로 공부하게 됩니다. 그런데 두 개념을 연결하는 부분은 교과서에 나오나요? 아마 그런 부분은 없을 거예요. 대부분의 교과서나 문제집이 단원별로 구성되어 있어서 서로 다른 개념이나 해법을 연결 짓는 일은 학습자의 몫이 되어버립니다. 이럴 때는 각각의 단원별로 문제를 모아서 자신만의 문제집을 구성해 보세요. 또 다른 방법은 여러 가지 주제나 여러 단원에서 배운 내용을 사진으로 찍거나 암기용 플래시 카드로 만들어 보는 겁니다. 그러면 각 문제를 섞어 보면서 익힐 수도 있고 어떤 개념이나 접근법을 제대로 알고 있는지 확인할 수도 있습니다.

미루는 습관을 알아채 보세요

어떤 사람은 정해진 기한 직전까지 미루면 스트레스가 올라가므로 집중이 더 잘되고 더 효율적으로 공부할 수 있다고 생각합니다. 어느 정도 일리가 있는 말입니다. 스트레스가 높으면 그 일에만 온전히 집중할 수 있으니까요. 하지만 학습의 경우에는 역효과가 더 큽니다. 방금 살펴본 것처럼 학습 결과가 두뇌의 신경 구조물로 견고하게 자리잡기 위해서는 매일 조금씩 공부하는 것을 일정 기간 유지해야 합니다. 공부할 내용이 있는데 미루기만 하는 것은 결국 자신의 발전 가능성을 스스로 가로막는 꼴입니다. 두뇌가 새로운 내용을 학습하려면 일정 시간을 들여야 합니다. 포모도로 기법이 학습법 중에서는 가장 효율적이라는 점을 잊지 마세요!

운동은 학습 효과를 높여줍니다

운동이 학습에 도움이 되고 특히 기억을 형성하는 데 필요하다는 점은 이미 잘 알려져 있습니다. 최근에 운동이 학습에 도움이 되는 또 다른 원인이 밝혀졌는데요. 바로 운동을 하면 뇌에 BDNF 뇌유래신경영양인자, brain-derived neurotrophic factor 라는 화학물질이 생성되기 때문입니다. BDNF는 뉴런에서 수상돌기 가시가 새로 자라는 것을 촉진하는 단백질입니다. 수상돌기 가시가 있다는 것은 훨씬 쉽게 새로운 뉴런 사슬을 생성할 수 있다는 의미입니다. 딱 한 번 운동하는 것만으로도 BDNF 수치가 높아진다고 하니, 정기적으로 운동을 하면 효과는 훨씬 크겠지요.[12]

지금으로서는 운동을 정확히 얼마큼 해야 인지력에 도움이 되는지에 관한 구체적인 가이드라인이 없습니다. 과학자들은 그저 신체 활동을 왕성하게 하는 학생들이 성적도 높은 편이라는 정도만 파악하고 있을 뿐입니다.[13] 대학생을 대상으로 시행한 한 연구에 의하면 20분 동안 하는 고강도 운동을 주 3회 이상 하는 것을 6주간 지속하자 기억력이 10%나 향상되었다고 합니다.[14]

여러 논문을 분석한 결과에서는 20분간 운동을 단 1회만 실시해도 정보 처리, 주의력, 실행 능력 등이 즉각적으로 개선되는 것으로 드러났습니다.[15] 또한 신체 활동 직후에 인지적 활동을 해야 한다면, (강도가 높은 활동이 아니라) 가벼운 활동이 더 효과적입니다. 반대로 신체 활동과 인지적 활동 사이에 시간 차를 두어야 할 때는 고강도 운동을 하는 것이 더 효과적입니다.

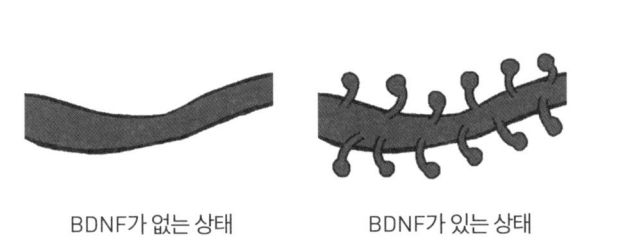

운동을 하면 두뇌에 BDNF라는 물질의 생성을 촉진하게 됩니다. 위 삽화의 오른쪽 그림처럼 뉴런에 BDNF를 '뿌려' 주면 수상돌기 가시가 자라기 시작합니다. BDNF가 바로 수상돌기 가시의 성장 촉진제인 것이죠!

미국에서 사용되는 운동 가이드라인에서는 매주 5일 이상 중간 강도의 신체 활동을 30분 이상 하라고 알려줍니다. 이대로 하면 매주 150분 이상 운동을 하게 되지요(심장 박동수가 빨라지는 활동이라면 어느 것이든 중간 강도 이상의 활동이라고 할 수 있습니다).[16] 그리고 신체 모든 부위의 주요 근육을 사용하는 근육 강화 운동도 주 2일 이상 해야 합니다. 두 가지 운동은 모두 BDNF 수치를 높이는 효과가 있으며 그 밖에도 학습에 도움이 되는 다양한 생리적 변화를 가져옵니다.[17]

낮에 짧게나마 고강도 운동을 몇 차례 하면, 건강에 도움이 될 뿐만 아니라 인지 능력이 개선됩니다. 시간이 부족해서 체육관에 가거나 실외 운동을 하기 어려운 사람에게 이것은 정말 중요한 문제입니다. 줄넘기, 스쿼트, 런지, 계단 60개(3층 높이) 오르기는 시간이 오래 걸리지 않으므로 하루 3회까지 해볼 수 있습니다. 어떤 연구에 의하면 이런 운동만으로도 신체 기능이 5%나 향상됩니다.[18] 알다시피 음악을 들으면서 운동을 하면 힘들다는 느낌을 좀 완화할 수 있으니 활용해 보는 것도 좋겠네요.[19]

인지 능력 향상에 도움이 되는 것

﹢ ✕ ﹢

최근에 많은 사람이 효과를 본 영양제가 있다고 하면 어떤 생각이 드나요? '그래? 그럼 나도 먹어볼까?'라는 생각이 자연스럽게 들겠죠? 사람들의 평가를 뒷받침해 주는 연구 결과가 없어도 그 영양제는 믿을 만하다고 생각하게 됩니다. 일례로 인삼과 은행이 인지력 개선에 효과적이라는 말이 있습니다. 하지만 실질적인 근거는 아직 부족합니다.[20] 다행히 다음의 식품들은 학습에 어느 정도 긍정적인 영향을 준다는 것이 증명되었답니다. 함께 살펴볼까요?

- **카페인**(커피, 차, 구아라나)은 불과 10분에서 15분 만에 집중력을 끌어올리는 효과가 있습니다.[21] 카페인의 반감기(섭취한 카페인의 절반이 몸에서 빠져나가는 데 걸리는 시간)는 약 5시간이므로, 사람마다 신진대사 속도나 효율에 차이가 있지만 카페인 효과가 한동안 유지된다고 볼 수 있어요. 하지만 자기 전에 섭취하면 수면을 방해하며, 결국 다음날 공부에 방해가 된다는 단점도 있습니다.

- 도넛에 들어 있는 **탄수화물**이나 커피에 들어가는 설탕 한 숟가락도 인지 효과를 조금이나마 개선해 주는 효과가 있다고 합니다. 탄수화물은 섭취한 지 15분이 지나면 효과가 나타나기 시작합니다. 탄수화물을 섭취할 때 생성되는 글루코스가 두뇌의 주요 연료이기 때문입니다.[22] 그렇지만 탄수화물을 과다 섭취하면 오히려 졸음을 유발한다는 사

실을 잊지 마세요(대개 과식을 하면 인지력에 관련된 두뇌 연결 신호 이동이 약화되거나 중단된다고 합니다[23]).

- **간헐적 단식**을 매주 이틀 정도 해보세요. 하루 섭취 열량을 500칼로리 정도로 제한하면 인지 능력을 개선하는 데 도움이 됩니다.[24]
- **코코아, 녹차, 카레 가루(커큐민)와 같은 플라보노이드** flavonoid 는 학습과 기억을 담당하는 분자 구조를 개선해 줍니다.[25] 하지만 몸으로 느낄 만큼 효과가 나는 데에는 최대 6개월이 걸린다고 합니다.

흥미로운 사실은, 카페인과 탄수화물을 동시에 섭취하면 따로 섭취했을 때와 달리 **시너지 효과가 발생해서** 인지력 개선 효과가 더욱 크다는 것입니다.[26] 마찬가지로 **건강에 좋은 식단과 운동**은 따로 적용하기보다 **서로 병행할 때** 학습 능력을 훨씬 높여 줄 수 있습니다.[27] 양파와 양배추 등의 채소를 풍부하게 섭취하고 견과류를 곁들이거나 다양한 색깔의 과일을 고루 먹어야 합니다. 그리고 설탕보다는 다크초콜릿을 먹는 편이 낫습니다.[28] 장기적인 신체 건강을 생각한다면 정제 식품은 될 수 있는 대로 삼가야 합니다(특히 시험을 앞두고 도넛을 먹는 것은 정말 좋지 않습니다).[29]

약물, 전기자극 또는 자기자극으로 인지력을 강화하는 것은 괜찮을까요?

✚ ✖ ✚

최근에 와서 약물을 사용해서 어릴 때처럼 학습이 쉽게 이루어지도록 두뇌 가소성의 문을 다시 여는 연구가 많은 관심을 끌고 있습니다.[30] 일부 약물은 두뇌를 초기화해서 일시적으로 뇌 가소성을 높여주는 것처럼 보입니다. 하지만 이 분야의 연구는 아직 걸음마 단계이므로 '절대 따라 하지 마세요'라는 경고가 늘 따라다닙니다.

암페타민, 모다피닐과 같은 인지 자극제를 사용하면 좋겠다고 생각하는 학생도 있는데 이런 약물을 사용해 보지 않았기 때문에 그렇게 생각하는 겁니다. 기대한 만큼 효과가 없는 데다 부작용이 나타날 수 있고 중독이라는 심각한 위험도 배제할 수 없습니다.[31]

헤드셋처럼 생긴 장치로 간편하게 뇌에 자극을 주는 방식도 있는데요. 이 방식은 두뇌 속에 기구를 삽입하지 않는 방식[5]이라 안전하고 효과도 있을 것이라고 생각할지 모르겠네요. 하긴 이런 제품을 파는 회사에서는 괜찮다고 홍보하고 있으니까요. 하지만 이 방법으로 얻는 인지적 효과가 과연 있는지 의문인 데다, 설령 효과가 있다 하더라도 매우 미미합니다. 생각보다 시간 소모도 많다는 점을 생각하면 뇌신경학자들이 이 방법을 사용하지 않는 이유를 이해할 수 있지요. 사실 안전성도 아직 안심할 단계가 아닙니다.[32] 지금까지 전기나 자기로 뇌를 자극하는 방식을 시도한 사람들은 아주 짧게 몇 번만 시도하다가 아예 관두는 편이기 때문에 제대로 된 임상 결과도 없다고 봐야 합니다.[33]

놀라지 마세요!
잠잘 때도 학습은 계속됩니다

+ × +

앞서 설명했다시피, 학습이란 가까이 있는 축삭돌기와 수상

---

[5] 사실 두뇌 속에 기구를 삽입하지 않는다는 뜻의 '비침습적(noninvasive)'이라는 표현은 적절하지 않습니다. 두뇌에 직접 수술기구나 막대형 프로브를 삽입하는 것은 아니지만 두뇌를 전기장이나 자기장 안으로 집어넣는 것은 사실이니까요.

돌기 가시가 서로 연결되어 장기 기억 내에 뉴런 사슬이 만들어지는 것을 의미하지요. 흥미로운 점은 수상돌기 가시가 돋아 나오기 시작하는 것은 공부할 때지만

> **이상적인 학습 간격**
> 가장 이상적인 학습 간격은 내용을 거의 다 잊을 만한 즈음까지 기다리는 것이죠. 그때 복습하는 것이 좋습니다.

축삭돌기와 연결되는 것은 잠을 자는 동안이라는 것입니다.[34] 운동이 근육을 자극하는 것은 사실이지만 실제로 근육이 커지는 것은 몸이 쉬고 있는 동안이라고 하지요. 이와 같은 원리예요. 그러니까 낮에 공부하고 밤에 8시간 정도 충분히 잠을 자야 학습 효과가 높아집니다.

간격을 두고 학습을 진행하는 것이 중요한 이유가 바로 이런 것이죠. 하루에 10시간 몰아서 공부하는 것은 열흘에 걸쳐 총 10시간을 공부한 것만큼 효율적이라고 할 수 없습니다. 벼락치기 공부는 일차적으로 약한 연결고리만 생성할 뿐, 장기 기억으로 정보를 이동시키지 못하기 때문입니다. 장기 기억으로 정보가 넘어가지 않으면 연결고리가 강화되거나 다른 사슬과 합쳐질 수 없습니다. 이렇게 약한 연결고리는 금방 사라집니다. 스포츠 훈련에서도 이는 마찬가지입니다. "오늘 10시간 몰아서 훈련하고 주

말에 토너먼트 시합을 합시다"라고 할 코치는 이 세상 어디에도 없을 겁니다.

수면이 중요한 이유를 하나 더 생각해 볼까요? 두뇌가 낮에 열심히 활동하는 동안 독성대사산물이 생성되어 축적됩니다. 그런데 두뇌 세포가 큰 돌덩어리처럼 생겨서 독성대사산물의 흐름을 방해하기 때문에 금방 제거되지 않습니다. 그러나 잠을 자면 두뇌 세포가 수축하므로 축적된 대사산물이 빠르게 제거됩니다. 즉 빨리 청소되는 것이죠. 이렇게 독성 물질이 빠르게 제거되면 두뇌가 새로운 내용을 받아들이기에 최적의 상태로 복구됩니다.[35]

낮잠이 학습에 도움이 되는 이유도 이렇게 설명할 수 있습니다. 싱가포르에서 학생을 대상으로 실시한 한 연구에서 밤에 자는 시간을 1.5시간 줄인 만큼 낮잠을 자도록 했더니 오후 수업 시간에 조는 학생이 줄었고 학습 능률도 올라갔는데요.[36] 수면을 연구하는 학자들이 하루 8시간 수면(여기에는 잠드는 데 필요한 시간이 포함됩니다)을 권장하는 데는 다 이유가 있는 것입니다. 그러니 전체 수면 시간을 지키려고 노력하세요(아주 드물긴 하지만 어떤 사람들은 선천적으로 '잠이 많지 않아'서 하루에 4~5시간만 자도 몸이 가뿐하다고 합니다. 하지만 대부분은 그렇지 않습니다. 자는 시간을 줄였을 때 몸이 피곤하다면 선천적으로 잠이 적은 사람이 아닐 겁니다[37]).

쉽게 잠을 청하는 비결

✚ ✖ ✚

2차 세계대전 중에 극심한 스트레스에 노출되었던 비행 조종사는 2분 안에 잠드는 방법을 따로 배웠다고 합니다. 우리도 그 방법을 간단히 배워봅시다. 먼저 잠들기 전에 긴장을 푸는 방법의 하나로 1~2분 정도 시간을 내어 내일 할 일을 적어 보세요. 이렇게 하면 머릿속이 정리되는 느낌이 들 겁니다. 그리고 스마트폰, 컴퓨터, 텔레비전과 같은 기기는 수면 모드로 바꿔서 밝은 빛을 피해야 합니다.[38] 잠을 청하는 공간에 조명을 끌 수 없다면 수면 안대가 생각보다 큰 효과를 발휘하니 사용해 보세요. 가능하다면 실내 온도를 약 18도에 맞추고, 스마트폰은 다른 방에 놔두세요.[39] 낮에 몸을 많이 움직이면 밤에 푹 잘 수 있지만, 잠들기 직전에 운동하거나 신체 활동을 많이 하는 것은 좋지 않습니다.

> **할 일을 기록하기에 유용한 앱**
> - 투두이스트(Todoist)
> - 트렐로(Trello)
> - 애니두(Any.do)

약간 묵직한 이불을 덮으면 수면에 도움이 된다는 것도 과학적으로 증명된 방법입니다.[40]

마지막으로 잠자리에 누운 후에는 아래와 같이 따라 해 보세요.[41]

- **'차분함'이라는 단어를 떠올려 보세요.** 마음을 차분하게 가라앉히는 것이 신체의 긴장을 이완하는 첫걸음입니다.
- **눈을 감은 상태로 몸의 모든 근육을 의식적으로 이완해 보세요.** 눈썹의 긴장부터 풀어야 합니다. 눈썹은 항상 긴장되어 있지만, 사람들은 이 점을 잘 의식하지 못합니다. 눈 주변에는 근육이 많이 모여 있는데 이 부분도 긴장도가 높으므로 풀어 주세요.
- **천천히 심호흡을 해 보세요.** 턱과 혀, 입술을 아래로 축 늘어뜨린다고 상상하면서 긴장을 풀어 보세요. 입을 다물고 코로 숨을 쉬어야 합니다(코로 숨을 쉬려고 계속 노력하면 차츰 코로 호흡하는 것이 편안하게 느껴질 겁니다).[42] 4초 정도 천천히 횡격막을 최대한 아래로 내리면서 깊이 숨을 들이마신 다음 (속으로 숫자를 천천히 세면서 들이마십니다) 6초에 걸쳐 천천히 내뱉습니다(폐에 있는 공기를 모두 내보낸다는 기분이 들어

야 합니다). 그리고 나서 2초간 숨을 참습니다. 이 3단계를 반복하세요. 그러면 신체 내의 산소 및 이산화탄소 농도 간 균형이 맞춰지면서 신체의 긴장이 완전히 풀리게 됩니다.

- **어깨는 항상 긴장하는 신체 부위입니다. 누운 자세로 어깨의 긴장을 풀어 보세요.** 이때 흉부가 축 늘어진 해파리처럼 말랑말랑해져야 합니다.

- **팔 근육을 위, 아래, 왼쪽, 오른쪽 순서로 이완한다고 생각하세요. 허벅지와 종아리 근육도 왼쪽, 오른쪽의 순서로 이완한다고 생각하세요.** 긴장이 풀리는 것을 느낄 겁니다.

- **근육이 이완되면 한 가지 대상을 머릿속에 떠올린 다음 거기에 집중하세요.** 예를 들면, 하늘에 떠 있는 구름 한 점을 상상해 볼 수 있습니다. 이 구름은 움직이지 않고 가만히 있는 것처럼 보입니다. 이때 자신의 몸이 움직인다고 상상하면 안 돼요. 그렇게 하면 잠이 달아나버리니까요. 아무것도 없는 스크린 하나를 머릿속에 떠올린 다음 거기에 꿈속에서 보았거나 보고 싶은 이미지를 하나씩 나열해 보세요.

- **걱정이나 고민은 모두 떨쳐버리세요. 머릿속을 다 비우세요.** 저녁 10시 (또는 잠자리에 눕는 순간)부터 다음 날 아침 5시 반까지 아무것도 생각하지 않는다는 규칙을 따르면 숙

면을 취할 수 있습니다. 어차피 그 시간에는 고민거리를 해결할 수 없으니까 머릿속을 비우세요. 고민거리가 있으면 자다가 중간에 깨기도 합니다. 잠을 자야 할 시간에는 아무것도 생각하면 안 된다는 점을 가장 우선순위에 두어야 합니다.

연습을 거듭할수록(모든 학습에서 연습이 얼마나 중요한지 잘 아시잖아요) 더 빠르고 편안하게 잠들 수 있을 겁니다. 자다가 깨더라도 다른 생각을 하지 말고 곧바로 이 과정을 반복하세요. 그러면 금방 다시 잠들 수 있을 겁니다.

• • •

효율적인 학습은 쉬운 일이 아닙니다. 일단 내용을 온전히 이해하고 그 내용을 잘 기억해야 합니다. 이렇게 하는 데 도움이 되는 방법 몇 가지를 이어지는 4장에서 살펴보기로 합시다.

3장에서 기억할 점

- **학습이란** 두뇌 안에서 뉴런을 서로 연결하는 것입니다. 이해도를 높이고 배운 내용을 오래 기억하려면 뉴런의 연결을 강화해야 합니다.
- **능동적으로 학습**하여 뉴런 연결이 잘 형성되도록 노력하세요. 인출 연습을 자주 반복하면 기억에 도움이 될 겁니다.
  - 답안지에 의존하지 말고 스스로 문제를 풀어 보세요.
  - 자신이 얼마나 이해했는지 즉, 알고 있는지 테스트해 보세요.
  - 요점을 머릿속에 떠올려 보세요.
  - 핵심적인 개념을 다른 사람에게 쉬운 말로 설명해 보세요.
  - 친구들이나 학습 내용에 관심이 있는 사람들과 스터디 그룹을 만들어서 공부해 보세요.
  - 학습 자료를 직접 만들어 보세요. 플래시 카드, 학습 가이드처럼 정보를 처리하여 새로운 형태로 표현해 보는 것이면 됩니다.
- 같은 자리에 오랫동안 앉아서 많은 학습량을 다 공부하려고 하지 말고, 며칠에 걸쳐 조금씩 공부하세요.

- **학습 속도를 차츰 높이세요.** 공부하는 내용이 쉽다고 느껴지면 학습 난이도를 더 높이세요.
- **어려운 개념을 잘 이해하려면, 새로 배우는 내용을 이미 잘 아는 내용과 능동적으로 연결시켜야 합니다.** 정교화나 교차 학습을 활용해 보세요.
- **공부할 때 미루는 습관을 극복해야 합니다.** 학습 내용이 두뇌에 입력되어 신경 구조물이 견고하게 형성되려면 시간이 오래 걸리기 때문입니다. 미루는 습관을 극복하는 데에는 포모도로 기법이 큰 도움이 될 겁니다.
- **규칙적으로 운동하세요.** 운동을 하면 뉴런 연결고리를 생성하는 데 큰 도움이 됩니다.
- **커피나 차는 일시적인 인지력 증대 효과가 있지만, 너무 의존하지는 마세요.** 몸에 좋은 식품을 섭취하여 학습 능력을 높여 보세요.
- **매일 같은 시간에 잠을 청하고, 자는 시간을 아까워하지 마세요.** 잠을 자는 동안 신경 구조물이 생기고 강화됩니다. 며칠에 걸쳐 학습량을 나누어 공부하는 이유는 매일 밤 자는 동안 학습 효과가 증대되기 때문입니다.

LIFELONG LEARNER

PART 04

+ × +

작업 기억을 최대화하고 필기를 잘하는 방법

LIFELONG LEARNER

천재 수학자 존 폰 노이만John von Neumann 은 복잡한 수학 계산을 암산으로 해내어 명성을 얻었습니다. 그는 불과 여섯 살이었을 때 8자리 숫자로 된 복잡한 나눗셈을 한 번에 해냈다고 하죠. 멍하게 허공을 바라보고 있던 엄마에게 다가가서 "엄마, 지금 암산하는 중이에요?"라고 물어봤다는 일화도 있습니다.

존 폰 노이만이 복잡한 계산을 암산으로 척척 해냈던 것은 그의 작업 기억이 비상하기 때문입니다. 작업 기억working memory 이란 정보를 잠시 보관하며 처리하는 정신적 공간을 말합니다.[6]1

---

[6] 단기 기억은 두뇌의 한 부분에 일시적으로 정보를 저장하는 곳입니다. 예컨대,

작업 기억을 빼놓고는 학습을 이야기할 수 없죠. 문제를 풀거나 내용을 이해할 때 작업 기억이 반드시 사용됩니다. 장기 기억에 정보를 저장할 때도 작업 기억을 반드시 거쳐야 합니다.

이번 장에서는 작업 기억이 무엇인지 먼저 살펴본 후에, 이것이 새로운 정보를 흡수하는 데 어떤 식으로 영향을 주는지 알아볼 것입니다. 작업 기억은 필기할 때도 사용됩니다. 작업 기억의 용량은 사람마다 다르지요. 그러므로 학습 효과를 최대화하고 필기를 잘하려면 자신에게 맞는 방법을 직접 찾아야 합니다.

작업 기억

처음 만나는 사람이 자기 이름을 소개하면 그 이름은 단기 기억에 (아주 잠시 동안만) 저장됩니다. 반면에, 작업 기억은 단기 기억과 정보를 조작하는 능력, 즉 그 정보에 대한 인지적 작업을 수행하는 능력을 모두 포함하는 것입니다. '완다(Wanda)'라는 사람 이름을 기억할 때, (완다와 철자가 비슷한) 마술사 지팡이(wand)를 그 사람의 머리 위로 휘젓는 장면을 상상해 보세요. 이런 상상을 하면 작업 기억이 활발해집니다.

작업 기억은 '주의력을 관장'하는 문어라고 생각하면 쉽습니다. 우리가 어떤 대상에 집중하면 이 주의력 문어는 머릿속에 떠오르는 생각들을 서로 연결해 줍니다. 그리고 때에 따라 눈, 귀 등의 감각 기관을 통해 실시간으로 들어오는 정보와 연결할 만한 신경 사슬을 찾으려고 장기 기억을 검색하기도 합니다.

일반적으로 작업 기억은 한 번에 서너 가지의 정보나 개념을 처리할 수 있습니다. 달리 말하면, 주의력 문어는 다리가 서너 개밖에 없다는 뜻이죠.[2] 그런데 이는 평균적으로 그렇다는 얘기고요. 사실, 사람마다 작업 기억의 용량은 다릅니다. 한 번에 다섯 개 이상의 정보를 처리할 수 있는 사람이 있는가 하면 고작 한두 개밖에 처리하지 못하는 사람도 있습니다. 게다가 이 문어 다리는 아주 미끄러워서 정보를 오래 붙잡고 있지 못합니다.

사람들 앞에서 발표하는 방법을 배우는 수업에서 몹시 당황했던 기억에 대해 2분짜리 발표를 즉흥적으로 해야 한다고 가정해 봅시다.

> **요점 정리**
> 사람의 뇌에는 두 가지 기억 장치가 있어요. 작업 기억은 한시적으로 정보를 처리하는 것이고, 장기 기억은 훨씬 오랫동안 정보를 저장하는 것이죠. 진정한 의미의 학습은 작업 기억에 있는 정보를 장기 기억으로 옮기는 것입니다.

작업 기억은 동시에 최대 네 가지의 정보만 처리할 수 있습니다. 생각이 너무 많아지면 과부하 상태가 되어 일부 정보나 생각을 놓치게 됩니다.

이 상황에서 작업 기억이 어떻게 사용될까요? 우선 '당혹스러웠던 일에 어떤 게 있었지'라고 속으로 되뇌며 주의력 문어의 다리 중 하나는 어떤 식으로 발표할지 고민하는 데 사용됩니다. 다른 다리는 청중에 대해 살피기 시작합니다. 동시에 또 다른 다리는 장기 기억을 검색하기 시작합니다. 예전에 당혹스러웠던 일이 있었는지 기억을 검색해 보는 거죠. 첫 데이트에서 식사하다가 상대방의 옷에 음료수를 쏟은 기억이 떠올랐다고 합시다. 문어 다리에 신경 사슬이 하나 잡혔네요. 덕분에 즉흥 발표를 시작할 수 있습니다. 그러면 문어 다리를 이제 다른 용도로 사용할 수 있죠. 발표를 하면서 청중의 반응을 살피거나 몸짓을 사용하거나 이야기의 흐름에 맞는 표정을 지어 보이는 데 필요한 사슬을 찾는 데 쓸 수 있습니다.

장기 기억의 사슬이 작업 기억의 효율을 높여 줍니다

✦ ✕ ✦

3장에서 살펴본 것처럼, 어떤 정보를 제대로 학습하면 그 정보에 대한 신경 사슬이 생성되어 장기 기억에 저장됩니다.

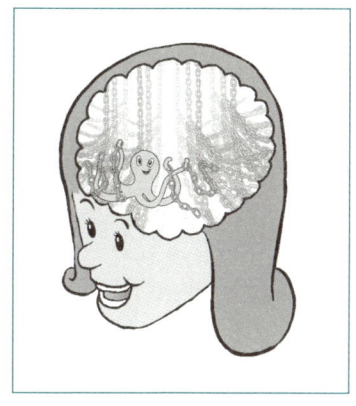

장기 기억에는 거의 무한대에 가까운 신경 사슬을 저장할 수 있습니다. 하지만 당장 주의를 집중할 수 있는 개수, 즉 주의력 문어 다리가 쥘 수 있는 정보에는 한계가 있습니다. 머릿속에 이미 저장된 사슬은 '사전에 만들어진' 것으로서 문어의 다리가 길어지게 하는 효과가 있습니다. 즉 사슬이 작업 기억의 능력을 어느 정도 높여줄 수 있습니다.

우리가 어떤 정보에 대해 생각해야 하거나 그 정보를 사용해야 할 때, 주의력 문어가(작업 기억이) 다리로 관련 사슬을 거머쥘 수 있습니다. 엑셀로 재빠르게 피벗 테이블을 만들고, 중국어로 긴 문장을 말할 수 있고, 회로 분석에서 매우 까다로운 문제를 풀 수 있는 것은 작업 기억이 관련된 신경 사슬에 접근할 수 있기 때문입니다. 물론 처음에는 거의 불가능에 가깝다고 생각했겠지만 말입니다.

그러면 더 쉬운 예를 들어 볼까요? 'aueiutf bl'라는 문자열을 보면 어떤 생각이 드나요? '이런 단어 배열은 한 번도 본 적이 없는데……'라고 생각하는 사람이 많을 겁니다. 그 말인즉 작업 기억이 이 문자열을 붙잡고 있기가 어렵다는 뜻이죠. 하지만 'beautiful'은 기억하기가 훨씬 쉽죠? 처음에 본 문자열과 똑같은 알파벳으로 이루어진 것인데 이렇게 큰 차이가 있습니다. 왜냐하면 작업 기억인 문어의 다리는 이미 알고 있는 정보, 특히 상호 연결되어 있고 두꺼운 사슬에 해당하는 정보를 더 쉽게 잡을 수 있거든요.

작업 기억을
가장 효율적으로 사용하려면

✢ ✕ ✢

가끔 내용을 파악하기가 어려워서 머리를 쥐어짜는 경우가 있습니다. 그럴 때 작업 기억은 과부하 상태일 겁니다. 작업 기억은 어려운 정보를 한꺼번에 많이 처리할 수 없거든요. 이럴 때 다음과 같은 방법을 적용해보기 바랍니다.

단순하게 만드세요

책이나 논문을 읽을 때 핵심 내용을 파악하려고 노력해 보세요. 핵심 내용은 의외로 간단한 경우가 많으므로 파악한 내용이 많지 않다고 해도 너무 걱정할 필요는 없답니다. 동영상 강의를 듣거나 오프라인 수업을 들을 때도 강의 내용을 되도록 단순하게 정리할 방법을 찾으세요. 강의를 하는 전문가도 내용을 항상 쉽게 요약해 주는 것은 아니기 때문입니다(유튜브에서 실력 좋은 강사를 찾아보거나 복잡한 내용을 쉽게 설명하는 것으로 유명한 강좌를 코세라 Coursera 와 같은 플랫폼에서 찾아 보세요).

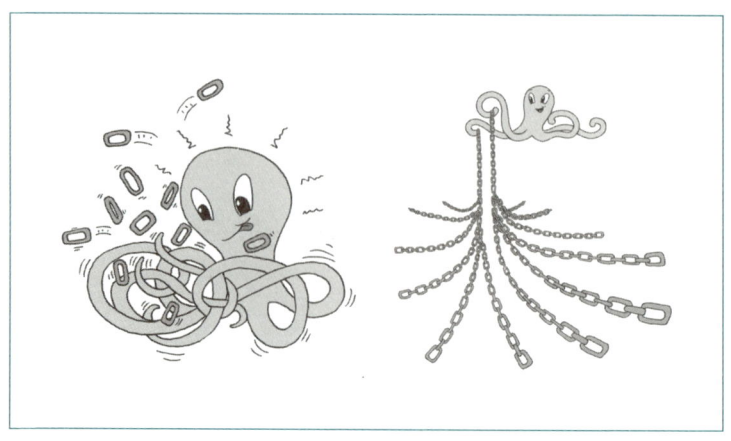

작업 기억은(문어는) 각고의 노력 끝에 장기 기억에 넣을 사슬을 만들어 냅니다. 이렇게 사슬을 만들고 나면 나중에 언제든 쉽게 접근할 수 있고 문제를 풀거나 다른 개념을 이해할 때 자유자재로 활용할 수 있습니다.

공부할 내용을 여러 개의 부분으로 쪼개 보세요

학습 내용을 좀 더 쉬운 여러 개의 부분으로 쪼갤 수 있나요? 가능한 작게 쪼개 보세요. 그리고 가장 기본적인 내용에 집중하세요. 나중에 이 부분들을 한 데 모아 더 긴 사슬로 만들면 됩니다. 물리학 교과서에서 유독 어려운 내용을 공부한다고 상상해 보세요. 일단 교과서에서 가장 쉬운 예제를 하나 골라서 혼자 힘으로 처음부터 끝까지 풀어봅니다. 꼭 필요한 경우에 해설서를 잠깐 열어보는 것은 괜찮습니다. 그다음에 조금 더 어려운 예제로 넘어갑니다. 이렇게 단계별로 난이도를 조금씩 올리면 기본 개념에 대한 신경 사슬이 장기 기억에 차곡차곡 쌓이게 됩니다. 더 어려운 내용을 공부하면 먼저 생성된 기본 개념에 대한 사슬을 출발점으로 하여 어려운 내용에 대한 이해의 폭이 넓어지면서 다른 사슬이 들러붙는 것입니다. 도무지 이해되지 않는 부분이 있으면 잠깐 쉬었다가 보거나 자고 나서 다음 날 다시 도전해보세요. 그러면 쉬는 동안 머릿속에서 분산 모드가 작동해 그 문제가 한결 쉽게 느껴질 거예요.

외국어 공부를 하다가 한계에 부딪힌 느낌이 들면 비교적 단순한 것, 이를테면 단어 몇 개만 따로 떼어서 집중해 보세요. 그런 다음 문장을 만들면 더 쉽습니다. 회계학을 공부할 때는 대차대조표나 현금흐름표를 공부하기 전에 손익계산서를 먼저 이해하는 데 집중하세요. 악기를 연주하는 경우라면 곡을 여러 부분으로 나누어 연습한 후에 곡 전체를 이어서 완성하는 편이 쉽습니다. 태권도는 어떨까요? 처음부터 돌려차기를 멋지게 해낼 수는 없죠. 그 동작을 여러 단계로 나눈 다음 각 단계의 동작을 충분히 연습한 후에 이를 연결하면 어렵지 않게 성공할 수 있습니다.

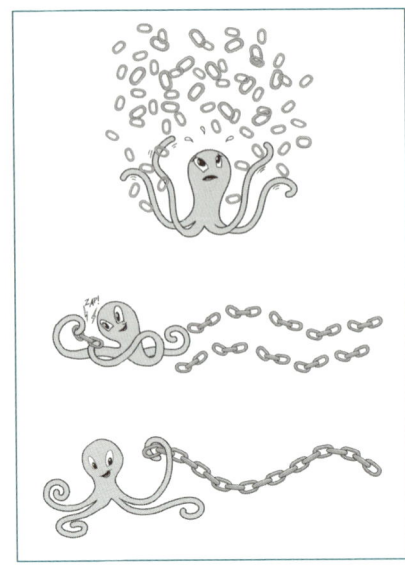

가. 한 번에 지나치게 많은 정보를 처리하는 것은 주의력 문어에게 너무 어려운 일입니다. 이런 상황을 전문 용어로 '인지 과부하'라고 합니다.

나. 정보를 여러 개의 연결고리 뭉치들로 만들어 보세요. 그러면 주의력 문어가 이 뭉치들을 점차 정리하여 연결해 줄 겁니다.

다. 연결고리를 모두 이으면 전체 개념을 잘 정리한 하나의 긴 사슬이 완성됩니다.

이해하기 쉬운 표현으로 바꿔 보세요

어려운 전문 용어를 이해하기 쉬운 표현으로 바꾸면 작업 기억 사용량을 줄일 수 있습니다. 예를 들어 '토크torque'를 '비트는 힘'으로 바꾸는 거죠. 설명을 들을 때 실물이나 참조 자료를 함께 보세요. 기기의 사용법을 동영상으로 배우면 더 쉽듯이 같은 내용을 글로만 이해하는 것보다 이해가 더 잘 됩니다.[3]

쉽게 말해, 핵심은 지금 배우는 내용을 자기가 이미 알고 있거나 친숙하게 여기는 대상과 연결하는 것입니다.

목록으로 만들어 보세요

공부하려면 먼저 작업 기억에서 학습 내용과 무관한 것은 모두 지워야 합니다. 할 일의 목록을 작성하면 작업 기억을 정리하는 데 도움이 됩니다. 할 일 목록을 만든다는 것은 임시 기억 장치인 작업 기억에 있는 할 일들을 더 안전하게 보관할 수 있는 노트나 디지털 장치로 옮기는 일과 같습니다. 해야 할 일을 머릿속에 정리해두지 말고 일단 목록으로 적어 보세요.

종이에 써 보세요

키워드, 숫자, 공식 등을 일단 종이에 써보는 것이 좋습니다. 작업 기억을 종이로 확장하는 효과가 있으니까요. 작업 기억 대신에 종이에 잠시 정보를 저장한다고 생각하면 됩니다. 그러면 작업 기억에 다른 정보를 저장할 여유가 생깁니다.

효과적인 필기 방법

학습자가 책을 읽거나 동영상을 보거나 강의를 들을 때에 듣고 보는 정보는 작업 기억에 먼저 저장됩니다. 작업 기억에 저장된 정보는 몇 초 내로 사라지기 때문에 학습자는 이 정보를 장기 기억에 저장하기 위해 의도적으로 노력을 기울여야 합니다. 이때 노트 필기를 하면 큰 효과를 볼 수 있습니다. 필기를 하면 정보를 이해하고 정리, 요약하게 되므로 기억하기 쉬워집니다. 또 필기 내용을 복습하면 해당 정보에 대한 신경 사슬이 장기 기억에 만들어집니다. 최근 연구에서도 필기하기와 타이핑 모두 효과적인 필기 방식인 것으로 밝혀졌습니다.[4] 그렇다면 여기서 한 가지 중요한 질문을 생각해 봐야 합니다. 필기를 잘하려면 어떻게 해야 할까요?

학습할 준비를 하세요

어떤 글을 읽고 필기를 해야 한다고 가정해 봅시다. 우선 지문이 어떤 내용으로 구성되어 있는지 대략 파악해야 합니다(9장에서 자세히 살펴보겠지만 굵은 글씨로 된 부분이나 삽화, 삽화에 대한 설명 등을 1~2분만 살펴봐도 도움이 됩니다). 강의를 들으면서 필기할 때는 미리 교재 본문이나 관련 자료를 대충 넘겨보는 것이 좋습니다. 동영상의 경우라면, 별도의 자막이 있다면 대충 훑어보기 바랍니다. 이렇게 준비하면 전체적인 흐름을 알 수 있으므로 더 체계적으로 필기를 잘할 수 있습니다.

핵심을 찾아내고 체계적으로 정리하세요

책을 읽거나 영상을 보면서, 또는 훈련을 받거나 강의를 들을 때 필기를 잘하는 것은, 즉 학습한 내용에서 핵심을 추려내어 노트로 옮기는 일은 고도로 집중해야만 할 수 있는 어려운 일이지요. 여러분은 어떻게 정리를 하나요? 다음 두 가지 방법을 함께 살펴봅시다.

- **노트를 세로로 나누어서 사용하세요**

그림과 같이 먼저 노트의 3분의 1 지점에 세로줄을 그어 놓으세요. 그리고 세로줄의 오른쪽에 필기하면 됩니다(장황하지 않게 개념 위주로 정리하세요).

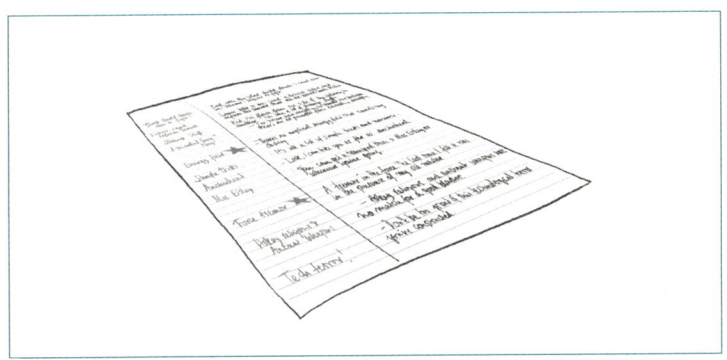

세로줄 노트의 예시 : 오른쪽에 필기를 한 후
왼쪽에 핵심 단어나 문구를 기입하세요.

연결사나 조사는 가능한 한 생략하고, 자신이 알아볼 수 있는 축약어를 사용해 보세요. 모든 내용을 글로 표현할 필요는 없습니다. 때로 기호(➔ + = ≠ # √ Δ)를 사용하면 더 빨리 필기할 수 있습니다. 필기가 끝나면 세로줄 왼쪽에 핵심 단어나 문구를 기입하세요.[5]

> **유용한 필기 앱**
> - 에버노트(Evernote)
> - 원노트(OneNote)
> - 코글(Coggle, 마인드맵을 만드는 앱)
> - 심플마인드(SimpleMind, 마인드맵을 만드는 앱)
> - 라이브스크라이브(Livescribe, 특수 종이로 된 노트에 특수 펜으로 필기를 하면 자동으로 저장이 되며, 저장된 정보를 클릭하여 재생할 수도 있음)

나중에 필기를 보면서 복습할 때, 오른쪽의 주요 내용을 손으로 가리고 왼쪽의 핵심 단어나 문구만 보고 주요 내용을 기억해낼 수 있는지 스스로 테스트해 보세요.

특히 중요한 내용이나 시험에 꼭 나올 만한 것은 따로 표시해 두세요.

- **개념도를 그려 보세요**

개념도란 여러 개념의 상관관계를 파악하기 위해 정보를 정리하는 방법입니다. (프로젝트 계획 단계에서) 브레인스토밍에 사용되거나 필기 방법으로 많이 쓰입니다. 키워드를 먼저 나열한 다음 화살표로 각 단어의 관련성을 표시하면 개념도가 완성됩니다.

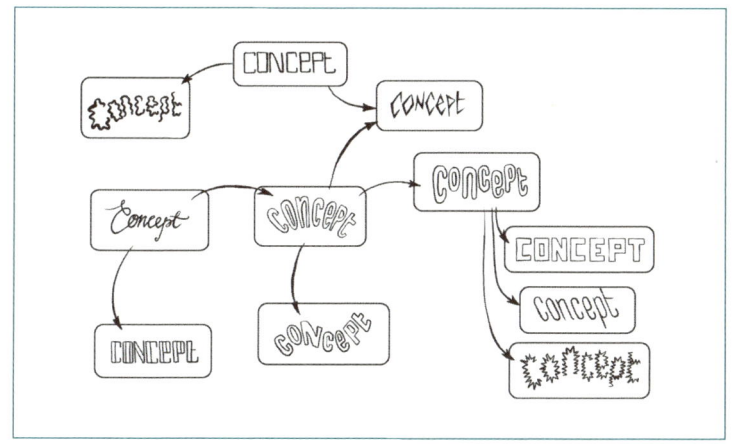

개념도의 예시

당일에 복습하세요

필기에 관해서 가장 중요한 점은 '필기 내용을 당일에 복습'하는 것입니다. 아무리 피곤해도 몇 분 정도 시간을 내어 주요점을 다시 떠올려 보세요(대충 필기를 훑어보는 것으로 만족해서는 안 됩니다). 의과대 재학생을 상대로 연구한 결과 'A 학점을 받는 학생들은 강의 내용을 당일에 복습하지만 C 학점을 받는 학생들은 단 1

명도 당일에 복습하지 않았습니다.[6] 인출 연습을 포함해서 복습은 중요한 신경 사슬(뉴런 사슬)을 구성하는 데 도움이 됩니다. 이것이 시간을 내어 복습해야 하는 중요한 이유입니다. 또 다른 연구에서는 개념도만 그려놓고 인출 연습을 하지 않는 것보다 필기는 안 해도 인출 연습을 하는 것이 내용을 기억하고 이해하는 데 훨씬 유리하다는 결과가 나왔습니다.[7]

노트에 필기한 내용을 복습할 때, 왼쪽 칸에 적은 핵심 단어나 문구만 보고 오른쪽 칸에 상세히 필기한 내용에 대해 스스로 질문을 만들어보면 좋습니다.

동영상 강의를 다시 보면 내용을 더 잘 이해한 것 같다고 생각할지 모릅니다. 하지만 요점을 정리해서 자기 것으로 소화하지 않고 동영상 강의만 반복 재생하는 것은 효과가 없다는 연구 결과가 있습니다.[8] 필기한 내용을 시험 전에 제대로 복습하지 않으면 시험 점수가 잘 나오지 않는 것과 같은 원리입니다.

정리하자면, 필기 자체가 중요한 것이 아닙니다. 노트가 아니라 머릿속에 내용을 정리하는 것이 중요하니까요. 도구가 있어도 원래의 목적대로 사용하지 않으면 어떤 효과도 기대할 수 없습니다.

같이 필기하고 필기 내용을 공유하세요

필기는 집중력을 유지하는 데 도움이 됩니다. 특히 수업 시간이나 워크숍에서는 필기를 꼭 해야겠죠? 그런데 어떤 사람은 강사의 말을 들으면서 동시에 필기하는 것을 힘들어합니다. 아마 필기하는 동작이 작업 기억을 너무 많이 차지해서 그럴 겁니다. 이런 어려움이 있다면 다른 사람의 필기를 빌려서 사용하거나 온라인 공유 문서 기능을 사용해서 여럿이 함께 필기하는 방법을 써보세요. 후자의 경우, 각자 놓친 부분을 서로 보완할 수 있다는 장점이 있습니다. 연구 결과에서는 시험 전에 다른 학생의 필기를 빌려서 공부한 학생도 자기가 직접 필기한 노트로 공부한 학생과 비슷한 점수를 받을 수 있다고 나왔습니다.[9]

수업에 빠져도 괜찮을까요?

오프라인 수업에 출석해야 하는데 학교가 너무 멀거나 교수의 강의 실력이 형편없다고 생각할 경우, 흔히 수업을 빼먹을 생각을 하게 됩니다. 동영상 강의를 듣거나 친구의 노트를 빌려 보거나 스스로 공부하면 된다고 생각하는 것이죠. 우리는 후자의 방식으로 학습 효율을 높인 학생들 여러 명을 연구해 보았습니다. 데이비스 헨델 박사는 의대에 재학하던 시절에 기숙사에서 지내지 않고 학교에서 멀리 떨어진 곳에서 살았는데, 학교가 멀다는 이유로 수업에 자주 결석했습니다. 대신 3~6시간을 투자해서 더욱 효율적으로 공부하는 방법을 찾아서 의대를 수석으로 졸업했습니다.[10] 하지만 데이비스 헨델이 성공한 것은 아래의 조건을 모두 충족했기 때문입니다. 만약 아래의 조건을 다 충족하지 못하는 학생이라면 헨델처럼 수업을 마음대로 빠지지 않는 편이 나을 겁니다.

- 자제력이 강해서 자기 주도적 학습을 능동적으로 진행할 수 있다
- 자기 주도적 학습을 어떻게 해야 하는지 잘 알고 있다.
- 혼자 공부하는 것이 훨씬 더 효율적이다. 오가는 시간을 절약할 수 있고, 수업에 들어가도 강사가 잘 가르치는 편이 아니라서 배울 것이 별로 없다.
- 친구에게 노트 필기를 빌리거나, 강의에 사용된 파워포인트 자료나 녹취 파일 등을 확보할 수 있으므로 중요한 내용을 놓칠 우려가 없다.
- 수업에 결석해도 불이익이 없으며 출석이 필수 사항은 아니다.

● ● ●

    4장에서는 작업 기억을 최대한 활용하여 배운 내용을 이해하고 저장하는 방법을 살펴보았습니다. 이어지는 5장에서는 배운 내용을 효율적으로 암기하는데 필요한 방법을 살펴보기로 합시다.

4장에서 기억할 점

- **작업 기억에는 정보나 아이디어를 한시적으로 저장할 뿐입니다.** 작업 기억에 새로운 정보, 개념, 기술 등의 정보가 들어오면 자신이 제대로 학습했다고 착각하기 쉽습니다. 하지만 이 정보가 장기 기억에 저장되기 전까지는 온전한 학습이 이루어진 것이 아닙니다.
- **두뇌는 한 번에 최대 네 가지 정보를 다룰 수 있습니다.** 이는 대부분의 사람에게 적용되는 작업 기억 용량을 말하는 것입니다.
- **작업 기억의 용량은 상대적으로 크지 않습니다. 하지만 장기 기억에 신경 사슬을 많이 생성하면 작업 기억의 용량을 보완할 수 있습니다.**
- **작업 기억은 한계가 있지만 다음과 같이 효율적으로 사용할 수 있습니다.**
  - 배울 내용을 여러 개의 부분으로 나눠 보세요.
  - 전문 용어 등은 이해하기 쉬운 표현으로 바꿔서 외우세요.
  - 할 일을 목록으로 정리하면 작업 기억을 비울 수 있습니다.
  - 필기를 하면 작업 기억 용량을 늘리는 효과가 있습니다.

- **효과적으로 필기하는 방법**
  - 노트는 세로로 나누어 사용하고, 개념도를 만드세요.
  - 필기한 내용을 당일에 복습하세요.
  - 필기한 내용의 요점을 기억하는지 확인해 보고 이를 암기하거나 연습하기 위해 능동적으로 노력하세요.

LIFELONG LEARNER

PART 05

+ × +

효율적으로 암기하는 방법

LIFELONG LEARNER

　포커 게임 카드는 총 52장인데요, 이것을 마음대로 섞은 후에 카드 순서를 모두 암기하려면 시간이 얼마나 걸릴까요? 미시시피 출신 의대생인 알렉스 멀렌Alex Mullen은 약 19초 만에 52장을 기억하는 방법을 알고 있었습니다. 천재라면 이런 종류의 암기는 식은 죽 먹기일 거라고 생각하나요? 하지만 당사자인 알렉스는 자신이 천재가 아니라 평범한 사람이라고 말합니다. 그의 비결은 효율적으로 기억하는 방법에 있었습니다. 암기법을 익히면 누구나 쉽고 빠르게 암기할 수 있습니다.

암기법을 따로 배우는 것은 귀찮지 않을까요? 정보를 암기하면 뭐가 유리한 걸까요?

➕ ✖️ ➕

요즘 세상은 원하는 정보를 언제든지 쉽게 찾아볼 수 있습니다. 그런데도 뭔가를 암기할 필요가 있을까요? 네, 여전히 암기가 필요하다고 할 수 있어요. 중요한 정보를 외워두면 시간을 많이 절약할 수 있습니다. 각종 시험, 인터뷰, 거래 등을 하려면 핵심적인 내용은 머리에 들어 있어야 합니다. 필요한 정보를 그때그때 찾아서 사용하는 것이 여의치 않을 때가 많으니까요. 무엇보다 암기가 필요한 가장 큰 이유는 폭넓고 깊이 있게 이해하려면 기본 사실이 머릿속에 들어 있어야 하기 때문입니다. 이렇듯 암기해 두면 복잡한 문제를 해결하는 데 도움이 됩니다.

> **요점 정리**
> 핵심 정보를 암기하면 복잡한 개념을 빠르게 파악할 수 있고 어려운 문제를 손쉽게 해결할 수 있습니다.

세계화 현상이 초래한 결과를 정리하거나 복잡한 천체물리학 문제를 푸는 것은 암기만으로 해결할 수 없습니다. 중요한 것은 머릿속에 들어 있는 정보에 빠르고 쉽게 접근하는 것이죠. 장기 기억 속에 이미 형성된 신경 사슬 중에서 당면 과제와 관련된 부분이 강하게 형성되어 있어야 가능한 일입니다. 이 사슬에 언제든 쉽게 접근할 수 있을 때 작업 기억을 효율적으로 활용하고 고차원적 사고를 할 수 있습니다.[1]

"프랑스 혁명과 러시아 혁명을 비교하여 설명하고 둘의 차이점을 서술하시오"라는 시험 문제가 출제되었다고 가정해 봅시다. 이 문제는 고차원적인 사고를 요구하는 것입니다. 관련 사실을 안다고 해서 바로 해결되는 것이 아니죠. 일단 장기 기억에 프랑스 혁명과 러시아 학명에 대한 핵심 정보가 저장되어 있어야 합니다. 각 혁명의 발생 시기와 진행 과정, 혁명을 일으킨 인물, 당시의 주요 관심사와 불만 등을 잘 알고 있어야 하죠. 그렇지 않으면 아예 답안 작성을 시작하지도 못할 겁니다.[2]

> **요점 정리**
>
> 기억할 내용에 따라 효율적인 암기법이 다릅니다. 기억할 내용이 생기면 몇 가지 암기법을 간단히 시험해 보면서 해당 내용에 가장 적합한 암기법이 무엇인지 찾아보세요.

화학 과목의 경우, 다양한 분자식을 암기하면 관련 내용을 한결 쉽게 이해할 수 있습니다. 물리학에서는 베르누이 방정식, 푸아송 방정식을 일단 암기해야 이 방정식이 나타내는 여러 가지 상관관계를 이해할 수 있습니다. 이처럼 '암기-이해'는 서로 밀접하게 관련되어 있습니다. **이해하기 쉬운 내용이 빨리 암기되듯이, 일단 내용을 암기해야 이해하기도 쉬워집니다.**[3,4]

암기법을 활용하려면

＋　×　＋

어떤 내용을 암기할 때 반복해서 보고 또 보는 것은 가장 비효율적인 방법입니다. 그보다는 인출 연습을 통해 기억한 내용을 떠올리는 연습이 낫습니다. 며칠에 걸쳐 여러 번 인출 연습을 하면 암기에 큰 도움이 됩니다.

이보다 더 좋은 방법인 암기법을 활용하면 단시간에 외울 수 있습니다. 물론 암기법을 활용해도 어느 정도 연습과 반복이 필요합니다. 그렇지만 무턱대고 외우는 것보다는 훨씬 쉽고 시간도 절약할 수 있습니다. **무엇보다 암기법을 사용하면 기억이 '오래' 지속됩니다.** 장기 기억에 정보가 저장되기 때문에 필요할 때 손쉽게 작업 기억으로 인출할 수 있습니다.

언어적 암기법

✚ ✖ ✚

아래에 소개된 언어적 암기법은 효과가 충분히 입증된 것이므로 누구에게나 효과가 있다고 장담할 수 있습니다.

첫 글자로 외우기

발목을 삔 환자에게 의사는 어떤 처방을 내릴까요? "푹 쉬면서(Rest), 얼음찜질(Ice)을 하고, 압박 붕대(Compression)를 감아서 다리를 높이(Elevation) 올리세요"라고 말할 겁니다. 네 가지 처방에 해당하는 영어단어의 첫 글자를 모으면 'RICE'가 되지요? 이렇게 외우면 하나도 빠트리지 않고 처방대로 발목을 관리할 수 있습니다.

이 방법은 목록화된 정보를 암기할 때 유용합니다. 첫 글자를 따와서 이리저리 순서를 바꿔보며 기억하기 쉬운 단어로 조합해 보세요. 예를 들어 고대 그리스의 3대 철학자인 소크라테스(Socrates), 플라톤(Plato), 아리스토텔레스(Aristotle)는 어떻게 외우면 좋을까요? 첫 글자를 따서 '스파SPA'라고 외우면 됩니다. 이것만 기억하면 세 사람의 이름을 줄줄 기억해낼 수 있습니다.

문장으로 만들어서 외우기

첫 글자로 깔끔하게 정리되지 않을 때도 있을 거예요. 그렇다면 외워야 할 목록에 있는 단어와 일대일로 대응하는 단어로 구성된 특이한 문장을 만들어 보세요. 예를 들어 태양계 행성의 영어 이름을 순서대로 외우려면 어떻게 하면 좋을까요? 수성Mercury, 금성Venus, 지구Earth, 화성Mars, 목성Jupiter, 토성Saturn, 천왕성Neptune 순서대로 첫 글자를 따서 이런 영어 문장을 만들 수 있겠죠. "My Very Elderly Mother Just Served Us Noodles 나의 아주 연로한 어머니께서 방금 우리에게 국수를 가져다 주셨다."

숫자를 암기할 때도 이 방법을 사용할 수 있습니다. 원주율을 소수점 이하 7자리(3.141592)까지 외우고 싶은가요? 그렇다면 다음 문장을 활용해 볼 수 있지요. "How I wish I could calculate pi 나도 원주율을 계산할 수 있으면 좋겠다." 첫 단어인 how는 알파벳이 3개, 두 번째 단어인 I는 알파벳 1개, 세 번째 단어인 wish는 알파벳이 4개입니다. 이런 식으로 알파벳 개수를 세어보면 3141592가 나옵니다. 즉, 각 단어의 알파벳 개수가 원주율 숫자를 가리키죠.

시각적 암기법

✚ ✖ ✚

많은 사람이 이름보다는 얼굴을 더 쉽게 기억합니다. 이유는 간단해요. 사람의 뇌는 시각 자료에 특화되어 있으니까요. 두뇌 피질의 절반은 시각 자료를 처리하는 데 사용되는 반면 청각 자료를 처리하는 부분은 10%에 불과합니다.[5] 아이오와대학교에서 실시한 연구에 의하면, 실험 참가자에게 2,560개의 이미지를 보여 주고 며칠이 지난 후에 앞서 보여 준 이미지 몇 개와 새로운 이미지를 섞어서 보여 주었더니 참가자 대부분이 앞서 보여준 이미지를 90% 구분해냈다고 합니다.[6]

생생한 이미지

그렇다면 기억해야 할 정보나 개념을 시각화하는 것이 가장 좋은 암기법이겠죠? 재미있고 생생하고 다소 엉뚱한 이미지를 만들수록 오랫동안 기억할 수 있습니다.[7] 그리고 동적인 이미지가 더 효과적이에요. 아주 짧은 영상을 머릿속으로 상상해서 만드는 거죠. 인류가 최초로 달에 착륙한 것이 1969년이라는 것을 외워야 한다고 가정해 봅시다. (숫자 69가 태극 문양처럼 보이니까) 태극 문양의 달을 머릿속에 그려보는 것은 어떨까요? 효과음이나 감각적인 느낌을 더하여 생동감을 높이는 것도 기억에 도움이 됩니다. 예를 들면 달이 움직일 때 휙휙 소리가 난다고 상상해 보는 거죠.

기억의 궁전

이 장을 시작할 때 소개한 기억력이 좋은 의대생 알렉스 멀레니 카드 52장을 19초만에 암기했다는 얘기 기억나시죠? 이 기록은 세계 신기록인데요, 알렉스의 암기력 비결은 기억의 궁전 Memory of Palace 이라는 암기법에서 나왔습니다. 이 암기법은 시각적 기억 기법 중에서 가장 오래되었으며 가장 많이 알려진 방법입니다.

기억의 궁전은 '장소법'이라고 부르기도 하는데요, 외워야 할 개념에 대한 이미지를 만든 다음에, 건물과 같이 친숙한 물리적 장소에 그 이미지를 끼워 넣기 때문에 기억의 궁전이라고 이름 붙여진 것입니다. 주기율표의 첫 부분에 나오는 원소 5개를 외운다고 생각해 봅시다. 기억의 궁전을 사용하려면 먼저 각 원소에 대한 이미지를 만들어야 합니다.

- 수소 Hydrogen : 소화전 fire hydrant
- 헬륨: (헬륨 가스가 들어 있는) 풍선
- 리튬: (리튬) 배터리
- 베릴륨 Beryllium : 딸기 strawberry
- 붕소 Boron : 멧돼지 boar

어떤 단어는 뜻을 기준으로 연상되는 이미지를 선택하면 됩니다. 리튬의 경우에 리튬 '배터리'를 사용하는 거죠. 소리로 연상되는 비슷한 단어를 활용해도 됩니다. 예를 들어 베릴륨은 영어 단어 strawberry 스트로베리 와 발음이 비슷하니까 스트로베리 딸기 로 바꿔서 기억하면 됩니다.

다음은 위의 이미지를 친숙한 장소에 가져다놓는 것입니다. 집이나 사무실, 내가 사는 동네, 자주 가는 공원 등을 활용할 수 있습니다. 여기서는 집으로 해보겠습니다. 집으로 들어가는 출입문 근처에 (수소를 뜻하는) 소화전이 있는데요, 이 소화전에서 물이 새고 있어서 주변을 엉망으로 만들어 버립니다. 주방에 가 보니 천장에 (헬륨을 뜻하는) 헬륨 풍선이 매달려 있습니다. 거실 탁자 위에는 (리튬을 뜻하는) 배터리가 있고요, 욕실에는 바닥 여기저기에 (베릴륨을 뜻하는) 스트로베리가 굴러다니네요. 한 걸음 옮길 때마다 딸기가 밟혀서 으깨집니다. 마지막으로 침실로 가 보니 (보론붕소를 뜻하는) 보어 멧돼지가 이리저리 돌아다니며 방을 엉망으로 만들어 놓았네요.

기억의 궁전은 궁전 이곳저곳을 돌아다니면서 각각의 개념을 기억해내는 과정을 몇 차례 연습해야 합니다. 처음에는 기억하기 좋은 이미지를 생각해내는 것 자체가 어렵게 느껴질 수 있습니다. 하지만 연습하면 할수록 쉬워지므로 크게 걱정할 필요가 없습니다.

어떤 암기법을 사용해도 좋습니다. 중요한 것은 며칠에 걸쳐 스스로 적극적으로 알고 있는 내용을 시험해봄으로써 장기 기억에 만들어진 신경 사슬을 더욱 강화하는 것입니다.

비유

비유[7]는 이미 잘 아는 것을 사용해서 새로운 개념을 설명하

---

[7] 엄밀히 말하면 비유(metaphor)는 은유나 직유와 약간 다릅니다. 하지만 이 책에는 '비유'라는 말로 통칭하겠습니다.

거나 이해하는 것입니다. 이 책에도 비유가 많이 등장합니다. 학습 과정에서 뉴런이 연결되는 것을 '사슬'이 생기는 것이라고 표현했지요. 분산 모드를 설명할 때는 '드론'에 비유했고요.

비유는 주제를 단순화하면서도 그 핵심을 파악하는 데 매우 효율적입니다. 일례로 프로그래머는 데이터의 저장과 처리 순서, 구조를 나타내기 위해 쌓는다는 뜻의 스택stack, 줄을 선다는 뜻의 큐queue, 나무 구조를 뜻하는 트리tree 와 같은 표현을 사용합니다. 생물학의 경우 세포에 필요한 에너지를 생산하는 미토콘드리아는 배터리에 흔히 비유하지요. 그리고 문학에서는 비유를 통해 많은 사상을 전달합니다.

하지만 완벽한 비유는 존재하지 않습니다. 어떤 부분은 비유로 설명하기에 적절하지 않을 수 있습니다. 드론이 계속 비행하려면 정기적으로 충전해야 하죠. 그렇지만 분산 모드는 충전할 필요가 없습니다(물론 수면을 통해 뇌를 쉬게 해 주는 것을 제외하면 말입니다). 핵심은 완벽한 비유를 찾아내는 것이 아니에요. 이해하려는 개념의 주요 사상을 설명하고 기억하는 데 도움이 되면 그걸로 충분해요. 드론의 예를 다시 생각해 볼까요? 분산 모드에서는 머릿속의 생각이 자유롭게 이동하게 됩니다. 마치 드론이 하늘을 자유롭게 날아다니는 것처럼 말이죠. 그 부분을 이해하는 데 도움이 된다면 드론 비유는 적절한 것이라고 할 수 있습니다.

　비유를 만드는 것은 어렵지 않습니다. '보자마자 머릿속에 떠오르는 것이 뭘까? 가장 비슷하게 생긴 것은 뭘까?'라고 생각해 보세요. 그리고 친구에게 설명한다면 어떻게 묘사할지 생각해 보세요. 당장 잘 맞는 비유가 떠오르지 않아도 포기하지 마세요. 몇 번만 반복하면 알맞은 비유 대상을 찾게 될 겁니다. 어려운 개념의 경우에는 잘 맞는 비유를 찾느라 시행착오를 겪을 겁니다. 하지만 시행착오로 보낸 시간은 헛되이 보내는 것이 아닙니다. 그 과정에서 어려운 개념을 차츰 이해하게 되니까요. 비유가 좋은 이유는 개념이 무엇인지 이해하는 데에도 도움이 되지만 그 개념에 포함되지 않는 것을 분간하는 데에도 도움이 된다는 점입니다.

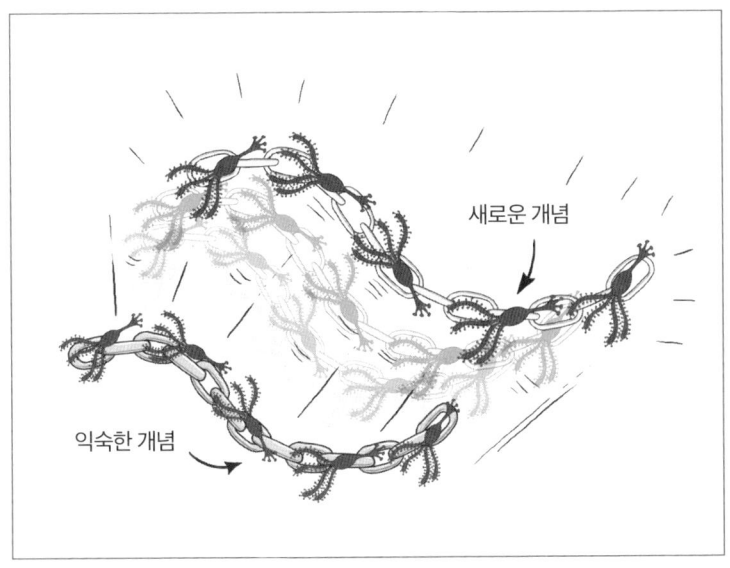

비유는 어떤 하나의 개념(예, 스펀지)을 익히면서 형성된 사슬을 가져다가 새로운 개념(예, 습지)을 재빨리 익히는 데 사용하는 것입니다. 이 방법은 신경과학 분야의 '신경 재사용 이론 neural reuse theory'과 관련이 있습니다. 신경 재사용 이론의 요지는 하나의 개념에 대해 만들어진 신경 사슬이 다른 개념을 이해하는 데 재사용된다는 것입니다.[8]

• • •

이제 암기는 걱정할 필요가 없겠죠? 하지만 숫자 계산이 필요한 문제를 풀어야 할 때는 어떻게 하면 좋을까요? 이런 경우에 필요한 것은 암기가 아니라 자신의 것으로 소화하는 방법입니다. 다음 장에서 이 점을 살펴보기로 합시다.

5장에서 기억할 점

- **암기와 이해는 서로 밀접하게 연결되어 있습니다.** 핵심 정보를 언제라도 인출할 수 있을 정도로 확실하게 암기해 두면 두뇌의 전반적인 가용성이 높아지므로, 고차원적인 내용을 더 손쉽게 처리할 수 있습니다. 뿐만 아니라 학습하는 주제와 관련된 신경 사슬을 강하게 형성함으로써 효율을 향상시킬 수 있습니다.
- **암기할 때는 능동적으로 인출 연습을 해보세요. 일정 간격을 두고 며칠간 인출 연습을 반복하면 완벽하게 외울 수 있습니다.** 또한 아래의 방법을 적용하면 암기가 한결 수월해집니다.
  - 첫 글자로 외우기
  - 문장으로 만들어서 외우기
  - 생생한 이미지 활용하기
  - 기억의 궁전 활용하기
- **비유를 사용하면 새로운 개념을 빠르게 이해하고 암기할 수 있습니다.**

LIFELONG LEARNER

PART 06

+ × +

직관력을 키우고 생각의 속도를 높이는 방법

LIFELONG LEARNER

종일 비디오 게임만 하는 사람에게 좋은 일이 생길까요? 전 세계적으로 유명한 게이머이며 '닌자'로 알려진 타일러 블레빈스 Tyler Brevin 라면 자신 있게 '그렇다'라고 대답하겠죠. 게임 후원자와 팔로워를 통해 매년 2천만 달러의 수익을 올리고 있으니까요. 블레빈스는 게임을 하는 데 매일 10~12시간을 바치는데, 그가 게임을 하는 모습을 스트리밍으로 지켜보는 사람이 무려 2천만 명 이상이라고 합니다.

지금까지는 책이나 동영상, 강의에서 얻은 정보를 학습하는 방법을 주로 살펴봤죠. 그런데 블레빈스처럼 독보적인 게이머가 되고 싶다면 어떻게 해야 할까요? 멋진 카레이서, 번역가, 수학자, 작가, 음악가가 되고 싶다면요? 지금까지 설명한 학습법은 신경 사슬을 강화하여 이해도를 높이는 데 도움이 되지만, 원하는 분야에서 전문가 수준에 이를 정도가 되기에는 뭔가 부족한 듯합니다.

사람의 두뇌에는 (인지하진 못하지만) 놀랍고 신비한 '수행형 학습 시스템'이라는 것이 있습니다. 6장에서는 이 시스템을 활용해서 전문가 될 수 있도록 폭넓고 깊이 있게 학습하는 방법을 알아보겠습니다.

설명형 학습 대 수행형 학습[8]

앞에서 설명한 공부법으로 학습을 하면 장기 기억에 신경 사슬이 생기고 강화된다고 설명했는데요. 신경 사슬이 쌓인다고 설명할 수도 있습니다. 지금부터 신경 사슬을 쌓는 두 가지 방식에

---

[8] 인지과학 논문 등에서는 보통 '설명형'을 '선언적(declarative)'으로 번역하며, '수행형'을 '절차적(procedural)'으로 번역합니다. 이 책 4장에서 소개한 '전문 용어를 이해하기 쉬운 표현으로 바꾸면 작업 기억 사용량을 줄일 수 있다'는 조언에 따라, 의미를 왜곡하지 않는 범위 안에서 쉬운 용어로 풀어 썼습니다. - 감수인

대해 얘기하겠습니다.¹ 한 가지는 비교적 빠르게 학습하는 '설명형 declarative' 학습 시스템입니다. 작업 기억과 밀접하게 연결되어 있으므로 학습자가 학습하고 있는 내용을 대부분 인지할 수 있습니다(다르게 설명하자면 학습자가 학습하고 있는 내용을 '말로 표현'할 수 있습니다). 이 책에서 지금까지 소개한 암기법도 대부분 방금 말한 설명형 기억과 관련이 있습니다.

다른 한 가지는 '수행형 procedural' 학습 시스템입니다. 중요도로 따지자면 설명형 학습 시스템과 수행형 학습 시스템은 같습니다. 수행형 학습 시스템을 통해 신경 사슬을 쌓으면 설명형 학습 시스템을 통해 쌓는 사슬과는 다른 형식으로 장기 기억에 보관됩니다. 짝다리로 서는 것보다는 두 다리로 서 있는 것이 훨씬 안정적인 것처럼 설명형 시스템으로 배운 내용을 수행형 시스템으로 한 번 더 강화해주면 (순서는 반대로 해도 됩니다) 어떤 분야를 공부하든 더욱 풍성하고 깊이 있는 사슬이 만들어 집니다.

테니스에서 서브 넣는 방법을 배운다고 생각해 보세요. 맨 먼저 공의 위치와 자세에 대해 의식하며 설명을 듣는 방식으로 배우게 됩니다. 그런 다음 들은 대로 서브를 넣어 봅니다. 이때는 작업 기억을 사용해서 설명형 사슬에 저장해둔 단계별 동작을 기억해내야 하므로 서브 동작이 어색할 수밖에 없습니다.

그런데 배운 동작을 반복해서 많이 연습하고 나면 서브를 넣는 동작이 자동으로 됩니다. 연습 과정에서 '서브 동작'에 관한 사슬이 장기 기억의 수행형 학습 영역에 저장되어 강화되었기 때문이지요. 이처럼 강화된 수행형 사슬이 생기고 나면 서브 동작이 훨씬 매끄럽고 자연스러워집니다.

종합해 보면, 서브를 넣을 때마다 서브를 넣겠다는 의식적 판단과 함께 설명형 사슬에 저장해둔 동작에 따라(작업 기억이 동작을 어떻게 취할지 알려주면서), 팔을 움직이기 시작하고, 이어 수행형 시스템이 학습한대로 동작하여 공을 날려 보냅니다. 즉, 설명형 시스템과 수행형 시스템을 모두 사용할 때 멋진 서브 동작을 할 수 있습니다.

전문가들은 꽤 오랫동안 수행형 지식이 테니스 서브 넣기나 축구공 차기, 피아노 연주하기, 키보드 입력하기와 같이 동작을 습득하는 데만 관련이 있다고 생각했습니다. 하지만 최근 들어 수행형 시스템이 일상생활에서 습관적으로 하는 행동, 이를테면 아침에 바지를 먼저 입고 나서 셔츠를 입는다거나 누군가를 만나면 거의 무의식적으로 고개를 살짝 숙여서 인사를 건네는 행동 등과도 관련이 있다는 점이 밝혀졌습니다.

이제 전문가들은 글쓰기, 외국어, 수학, 음악, 비디오 게임 등

거의 모든 종류의 학습에서 수행형 시스템과 설명형 시스템이 모두 사용된다고 말합니다. 다만 설명형 시스템과 달리, 수행형 시스템으로 학습할 때는 학습 당사자가 그 점을 인식하지 못하는 경우가 많습니다.[9]

좀 더 쉽게 설명해, 수행형 시스템은 블랙박스처럼 내부에서 무슨 일이 벌어지는지 인지할 수 없습니다. 수행형 시스템에 입력되는 자료는 (서브를 넣기 시작할 때처럼) 작업 기억에서 넘어오거나 (자전거를 타고 갈 때 전방에 팬 부분이 보이는 것처럼) 감각을 통해 들어옵니다. 우리가 인지하는 것이라고는 공을 라켓으로 치면 내가 원하는 방향으로 공이 날아간다는 점, 길에 움푹 팬 부분을 잘 피하면 자전거가 흔들림 없이 굴러가지만 그 부분을 피하지 못하면 자전거와 함께 넘어질 수도 있다는 점입니다.

이처럼 수행형 시스템은 '블랙박스'처럼 내부의 작동원리는 알 수 없지만 매우 정교한 학습 시스템입니다. 덕분에 우리는 의

---

[9] 매번 같은 경로로 운전해서 집에 가는 사람은 잡생각에 잠시 빠진 상태에서도 자동조종 시스템이 작동하여 길을 따라 운전을 합니다. 아마 당사자는 집에 어떻게 도착했는지 인지하지도 못할 겁니다. 처음에는 집으로 가는 길을 설명형 지식처럼 습득하지만, 그 길을 여러 번 다니고 나면 수행형 시스템이 작동하게 됩니다. 그래서 본인의 행동을 의식하지 못하는 상태에서도 집으로 가는 길을 찾아가게 되는 것이죠.

식적으로 생각을 하지 않으면서 단순한 개념과 복잡한 개념을 모두 배울 수 있습니다. 이제 걸음마를 시작하는 아기나 어린이의 경우에는 수행형 시스템이 놀라울 정도로 효과적으로 작동합니다(아이들의 경우에는 일정 연령이 지나야만 설명형 시스템이 작동합니다). 어린아이가 모국어를 습득하는 것을 보면 수행형 시스템의 효과를 실감할 수 있지요.

여러분은 혹시 큐브를 순식간에 맞출 수 있나요? 큐브를 맞추는 과정에서도 수행형 시스템이 사용됩니다. 텔레비전에서 외과 수술 장면을 본 적이 있나요? 의사들이 고도의 기술을 요구하는 수술 절차를 매끄럽게 진행하는 것도 수행형 시스템에 의존하기에 가능한 것입니다.

수행형 시스템에 사슬이 잘 만들어져 있으면 생각의 속도가 매우 빨라집니다. 스트레스가 심한 상황에서도 생각의 처리 속도는 크게 영향을 받지 않습니다. 테니스 서브처럼 동작에 관한 것도 있지만, 7 + 5 = 12라는 간단한 수식을 별 고민 없이 풀 때나, 미분 수학 문제를 풀 때도 수행형 시스템에 저장된 사슬을 활용할 수 있습니다. 외국어 학습자의 경우, 원어민을 만날 때에 수행형 사슬을 사용해야 긴장하지 않고 유창하게 대화할 수 있죠. 수행형 시스템의 속도와 안정감이 설명형 시스템의 유연성과 합쳐

지면 놀라운 학습 능력을 갖추게 됩니다.

두 가지 시스템을
함께 사용할 줄 알아야 해요

＋ × ＋

설명형 시스템은 단조로운 면이 있습니다. 단계별 설명에 의존할 때 학습 효과가 가장 높게 나타나지요. 반면 수행형 시스템은 특이하게도 직관적으로 패턴을 인지하는 방식으로 학습을 진행합니다. 그래서 수행형 시스템으로 배우는 내용은 말로 설명하기가 어렵거나 아예 불가능한 경우가 많습니다.

신발 끈을 어떻게 묶는지 설명한다고 생각해 보세요. 상대방에게 직접 '시연'하지 않고 말로만 설명하기는 쉽지 않겠죠? 여기서 한 가지 중요한 점을 알 수 있어요. 설명형 학습과 수행형 학습은 스위치를 누르듯이 번갈아서 켰다가 껐다가 할 수 있는 그렇게 간단한 게 아닙니다.

언급한 것처럼 수행형 시스템은 패턴에 대한 감각을 기르면서 학습이 진행됩니다. 감각을 기르려면 다양한 상황에서 연습을 많이 해야 하지요. 그러면 연습을 통해 감각을 기를 수 있는 몇몇 분야를 알아보고 어떻게 하면 수행형 학습과 설명형 학습을 모두 최대로 향상시킬 수 있는지 알아봅시다.

수학과 과학 문제에 대한
직관력과 속도, 자신감을 높이는 방법
+ × +

내면화를 먼저 하세요

수학 문제를 푸는 과정을 설명해 놓은 것을 읽어보면 비교적 단순해 보입니다. 설명하는 순서에 따라 실제로 해 보면 문제가 쉽게 풀립니다. 하지만 이런 단순한 접근법은 수행형 시스템이 장기 기억에 신경 사슬을 생성하는 데 별 도움이 되지 않습니다. 핵심 문제와 여러 예제를 자신의 것으로 소화하는 내면화internalize 과정을 거쳐야 합니다. 그래야 직관적이고 빠른 수행형 시스템을 구성할 수 있으니까요.

일단 정답만 있는 수학 문제는 내면화 대상으로 적절하지 않습니다. 정확한 풀이 과정이 있는 문제를 하나 고르세요. 그렇지만 '정답이나 풀이 과정을 먼저 보아서는 안 됩니다.' 문제를 어떻게 풀어나가야 할지에 대해 자신의 직관이 뭐라고 하는지 귀 기울여 보세요(다시 한번 말하지만, 설명형 시스템과 달리 수행형 시스템을 사용할 때는 그 행동을 말로 설명하는 것이 불가능한 경우가 많습니다. 단지 문제를 어떻게 풀어야 할지 힌트를 줄 뿐이죠).

문제를 어떻게 풀어나가야 할지 떠오르는 게 있다면, 좋습니다! 그대로 풀어 나가세요. 만약 아무리 생각해도 푸는 방법이 떠오르지 않는다면 답안지를 열어서 풀이 과정의 일부를 살짝 참고한 후 풀면 됩니다. 그런 다음 스스로 끝까지 풀어야 합니다. 문제를 다 푼 후에는 답안지를 보면서 제대로 풀었는지 확인해 보세요. 문제를 풀 때 답안지는 되도록 보지 말고 꼭 필요한 경우에만 봐야 한다는 점은 잊지 마세요.

> **요점 정리**
>
> 문제 해결에 필요한 직관력을 기르려면 문제를 풀 때, 자신의 머릿속에서 풀이 과정을 이끌어 내야 합니다. 아무리 들여다 봐도 풀리지 않을 때에는 답안지에서 다음 풀이 부분을 잠깐 봐도 괜찮습니다. 풀이 과정을 참고한 문제의 경우에는 나중에 그 문제를 다시 풀어보되, 답안지를 보지 말고 무조건 혼자 힘으로 풀어 봐야 합니다.

문제가 어려워 풀이 과정에서 단계마다 답안지를 조금씩 참조할 수밖에 없더라도 괜찮습니다. 중요한 것은 끝까지 모든 풀이 과정을 빠짐없이 적어 보는 거니까요. 한 번 다 적어보고 나서는 처음부터 끝까지 혼자 힘으로 다시 풀어 봐야 합니다.

그러면 지금까지 설명한 내용에 관한 간단한 예시를 살펴볼까요?

문제 풀이 과정	단계별 학습자의 사고 (어려운 문제일수록 풀이 과정을 말로 표현하기가 어려워집니다.)
$3(3+x) = 21+x$	이 식을 어떻게 단순하게 바꾸지? 아, 그래. 3을 곱하면 되겠구나.
$(3\times3) + (3\times x) = 21+x$	이제 괄호 안의 곱셈을 처리해야겠다.
$9+3x = 21+x$	x항끼리 한데 모아야 할 것 같네. 9를 우변으로 옮기고 x는 좌변으로 옮기면 되겠네.
$3x-x = 21-9$	이제 간단히 뺄셈만 하면 되네.
$2x = 12$	x만 남기려면 양변을 2로 나눠야 해.
$x = 12/2$	단순 계산만 하면 답이 나오겠어.
$x = 6$	다 풀었어!

그런데 이런 과정을 차근차근 따라가 보는 학생은 거의 없습니다. 여기에서 일반 학습자와 학습천재 간 차이가 생기는 것입니다.[2] 자신이 푼 문제와 함께, 비슷한 (그리고 다른) 문제도 일단 내면화하면 같은 유형의 문제에 대한 풀이 방법에 직관이 생기게 됩니다.[3] 바로 수행형 시스템이 작동한 겁니다.

'괄호를 없애거나' 'x항은 좌변으로 모으고 상수항은 우변으로 모으는' 것은 단순해 보이지만 중요한 과정입니다. 이런 과정을 두뇌에 내면화하면, 이런 문제 유형의 패턴과 풀이 방법을 온전히 파악하게 됩니다. 그러면 나중에 지금까지 풀어보지 못한 문제도 스스로 풀 수 있어요.

다시 말해, 문제를 해결하는 직관력을 배양하려면 다양한 문제 유형을 내면화해야 합니다. 하나의 유형에 며칠간 집중해서 답안지를 보지 않고 술술 풀어낼 정도로 완벽하게 이해해야 하죠(물론 한 가지 유형을 완벽하게 숙달하기 전에 다른 유형의 문제를 풀어 봐도 괜찮습니다). 그러면 어떤 문제든 보자마자 머릿속에 다양한 문제 풀이 과정이 재빠르게 복기될 겁니다. 마치 노래 한 곡을 흥얼거리는 것처럼 별로 어렵지 않게 풀이 과정을 떠올리고 적용하게 되는 것이죠.

그런데 문제를 내면화하는 과정을 처음 시도할 때는 굉장히 어렵게 느껴질

> **울프럼알파(WolframAlpha), 매스웨이(Mathway)와 같은 웹사이트를 활용하면 풀이 과정을 빠르게 확인해 볼 수 있어요.** 계산하고 싶은 수식이나 알고 싶은 수학 문제를 입력하면 인공지능 기술로 풀이 과정을 보여줍니다. 하지만 매번 이런 사이트에 의존하면 안 됩니다. 풀이 과정을 확실하게 내면화해야 계산과정의 이면에 있는 직관적 이해력을 갖추게 될 테니까요.

겁니다. 그래도 너무 좌절하지 마세요. 포기하지 않고 다음 날에 다시 해 보면 훨씬 쉬워질 거예요. 셋째 날에는 문제를 대하는 마음이 편안해지고 심지어 직관력이 벌써 생긴 것 같은 느낌이 들 거에요!

교차 학습을 하세요

내면화에 더해 교차 학습법을 적용해 보세요. 교차 학습법은 여러 문제 유형을 왔다갔다 하면서 푸는 방식입니다. 예를 들면 3유형의 문제를 풀다가 7유형 문제를 풀어 보는 거죠.[4] 내면화 학습에 이 방법을 접목하면 신경세포의 토대 자체가 더욱 견고해집니다. 그러면 특정 기술을 사용하는 방법에 관한 신경 사슬만 만들어지는 것이 아니라, 다른 기술에 관한 사슬과의 연결도 이루어집니다. 수행형 시스템의 주특기는 여러 가지 패턴의 차이점을 인식하는 것인데, 바로 이 부분이 발달하는 것이죠. 그러면 어떤 효과를 기대할 수 있을까요? 나중에 시험을 보거나 테스트를 받을 때, 어떤 개념을 사용해서 문제를 풀어야 하는지 또는 어떤 기술을 사용해서 몸을 움직여야 하는지 직관적으로 빠르게 판단할 수 있습니다.

어떤 내용을 내면화해야 할까요?

그러면 어떤 내용을 내면화하는 것이 가장 좋을까요? 우선 교과서에 단계별 풀이 과정이 나오는 예제부터 시작하면 됩니다. 예제는 쉬워 보일지 모르지만, 사실 까다로운 문제가 많습니다. 그리고 중요한 개념을 이해하는 데 반드시 필요한 과정을 다룹니다. 선생님이 풀어주는 예시나 기출문제도 올바른 풀이 과정이나 해답을 확인할 수 있다면 내면화하기에 좋은 자료입니다(이미 말했듯이, 모의시험을 치러보는 것은 실제 시험에 대비하는 좋은 방법입니다).[5] 다양한 연습문제를 접할수록 유추하기가 쉬워지고, 비교적 관련성이 많지 않은 문제가 나와도 응용력을 발휘하게 됩니다.[6]

수행형 시스템은
외국어 학습에 정말 효과적이에요

＋　✕　＋

어린아이는 수행형 시스템으로 모국어를 습득합니다. 하지만 나이가 들수록 설명형 학습 시스템에 대한 의존도가 높아지는데, 이 방식이 유연하고 학습 속도가 더 빠르기 때문입니다. 하지만 외국어 학습의 경우에는 설명형 학습 방식이 최고라고 할 수 없

어요. 장점도 있지만 단점도 분명 있으니까요.[7]

설명형 시스템은 새로운 단어를 배우거나 동사의 활용과 명사의 어형 변화를 학습할 때 유용합니다. 하지만 정작 원어민과 마주하게 되는 상황에서는 별로 도움이 되지 않습니다. 그동안 배운 단어가 한 마디도 입 밖으로 나오지 않으니까요. 배운 내용은 설명형 기억에 저장되어 있는데 이 기억은 인출 속도가 매우 느려요. 그래서 지금까지 만든 신경 사슬을 수행형 시스템으로 옮기는 과정이 필요합니다. 그러면 자연스럽고 편안하고 유창하게 외국어로 말을 할 수 있게 됩니다. 외국어를 배울 때 수행형 사슬을 많이 만들수록, 그 언어를 유창하게 구사할 수 있습니다.

인출 연습, 반복 학습, 교차 학습의 가치

외국어를 배울 때에는 인출 연습을 많이 해야 합니다. 인출 연습을 반복할수록 배운 내용을 잘 기억하게 되지요. 하지만 시간은 정해져 있고 단어는 아무리 외워도 끝없이 쏟아져 나옵니다. 그렇다면 어느 정도의 시간 차를 두고 반복 학습을 해야 할까요? 매일 해야 한다고 생각하는 사람도 있지만 주 단위나 월 단위로 하면 된다고 생각하는 사람도 있습니다.

이때 가장 중요한 점은 내가 이 내용을 얼마나 오랫동안 기억하기를 원하느냐는 질문입니다. 일주일 뒤에 시험을 친다면 시험 전까지 매일 반복하는 것이 좋습니다. 1년 정도 외국어를 기억해서 사용해야 하는 상황이라면 3주 단위로 반복하면 되고요.[8] 그렇게 해서 어떤 단어나 표현을 편안하게 사용하는 수준이 되면 반복 기간을 좀 더 길게 늘려도 됩니다. 수면 시간과 두뇌를 쉬면서 긴장을 푸는 시간도 암기의 효율을 높이는 데 꼭 필요하다는 점을 잊지 마세요.[9]

물론 교차해서 연습하는 것과 일정 간격을 두고 반복 연습을 하는 것도 매우 중요합니다. 그렇게 하면 설명형 학습뿐만 아니라 수행형 학습도 강화할 수 있지요. 외국어 학습에서 교차 학습은 두 가지 방법을 혼합해서 사용하는 것을 의미합니다. 예를 들어 단어를 외울 때 단어를 죽 나열한 목록을 보면서 외우는 것은 별로 좋은 방법이 아니에요. 암기용 플래시 카드를 컴퓨터로 만들거나 직접 만든 다음, 카드를 섞어서 순서를 계속 달리하며 외워보세요. 동사의 세 가지 시제 변화를 3주 동안 공부할 경우, 한 번에 하나의 시제를 배우는 방식으로 만족하지 마세요(하지만 대다수 교과서와 영어 교사는 시제별로 나눠서 가르치는 것을 좋아하는 것 같습니다). 대신에 세 가지 시제 모두를 우선 간략히 공부한 후에 바로 이어서 세 가지 시제를 섞어놓고 공부하세요. 처음에는 어렵고 헷갈리지만, 최종적인 학습 효과는 이 방법이 훨씬 나을 겁니다.

가장 좋은 교차 학습은 원어민과 대화하는 것입니다. 직접 말을 해봐야 본인이 어떤 단어나 문장에서 막히는지, 어떤 어순을 틀리게 말하는지 알 수 있으니까요. 가능한 한 빨리 원어민과 대화하는 연습을 시작하고, 연습 시간을 최대한 늘려 보세요. 실수할까 봐 걱정하지 마세요. 아이토키italki 와 같은 웹사이트를 사용해서 무료로 대화 친구를 찾거나, 돈을 내고 전문 강사의 도움을 받으세요. 강의식 수업은 설명형 학습 위주로 이루어지는 반면에 몰입식 학습은 수행형 기억을 생성하는 데 큰 효과가 있다는 점을 꼭 기억하세요(외국어 학습은 가능한 몰입식 학습 방법을 사용하는 것이 효과적입니다).

외국어 학습에 아예 소질이 없다고 생각하는 사람도 있을지 모릅니다만, 사실 수행형 학습 방식으로 배우고 싶은 학생에게 교실에서 설명형으로 가르치면 학습능률이 크게 떨어질 수밖에 없습니다. 방법이 잘못된 것이지 외국어 학습 능력에 문제가 있는 것은 아니라는 얘기입니다. 이런 유형의 학생은 처음부터 원어민과 바로 대화하는 상황에 노출되는 편이 나을 겁니다. 먼저 실전 상황을 경험하고 필요한 단어를 나중에 찾아보는 방식으로 시도하면 분명히 외국어를 재미있게 배울 수 있을 겁니다.

> **외국어 학습자에게 도움이 되는 앱**
> - 듀오링고(Duolingo, 단어, 구, 절 단위로 학습할 수 있는 앱)
> - 아이토키(italki. 원어민을 만나게 해 주는 영상 채팅 플랫폼)
> - 프리플리(Preply, 아이토키와 비슷한 형태의 채팅 플랫폼)
> - 야블라(Yabla, 자막이 있는 동영상을 제공하는 플랫폼이며, 학습자가 재생 속도를 조절하거나 동영상을 짧게 잘라서 손쉽게 반복 학습을 할 수 있음)
> - 플루언트유(FluentU, 야블라와 비슷한 플랫폼이나 언어 선택 형식에 조금 차이가 있음)

단어를 암기할 때 몸동작을 사용해 보세요

외국어 학습에서 어휘 암기를 빼놓을 수 없죠. 어휘를 외울 때 유의미한 몸동작을 하면 그 어휘를 이해하고 기억하는 데 도움이 된다는 흥미로운 연구 결과가 있습니다.[10] 예를 들어 어떤 외국어에서 '글을 쓰다'라는 단어를 외울 때 입으로 그 단어를 소리 내어 말하면서 손으로 쓰는 동작을 해 보세요. '높다'라는 형용사는, 오른손을 머리 위로 번쩍 들어 올리면서 외워 보세요. '마시다'라는 동사를 외울 때 실제로 컵을 들어서 물을 마시는 동작을 해 보세요. 단어의 의미와 직결되는 동작을 하면 더 잘 외워집니다.

글쓰기 실력과 예술성을 향상시키는 방법

╋ ✕ ╋

유명한 정치가인 벤저민 프랭클린은 특별한 방법으로 글솜씨를 얻었습니다. 설명형 방법과 수행형 방법 중 어느 것이었을까요? 아마 둘 다 사용했을 겁니다. 어떤 경우든 둘 다 사용하는 것이 가장 효율적이니까요.

'프랭클린식 글쓰기'를 따라 해 볼까요? 먼저 자신이 좋아하는 글을 한 편 정하세요. 그중에서 한 문단을 선택한 다음 각 문장을 한두 단어로 요약합니다. 나중에 그 단어를 힌트 삼아 원래 문장을 다시 만들어 보는 겁니다. 문단이 완성되면 원문과 한 문장씩 비교해 보세요. 원문에 쓰인 단어가 더 적절한가요? 문장이 더 매끄럽고 의미가 명확한가요? 이런 식으로 비교하면 글쓰기가 많이 향상될 겁니다. 다른 사람의 글을 그냥 외우라는 뜻이 아니에요. 자신의 아이디어로 줄거리를 만들고 한 편의 글을 완성하는 과정을 적극적으로 진행해 나감으로써 자신만의 신경 사슬을 만들라는 것입니다. 이 방법대로 하면 결국 원문보다 더 좋은 글을 쓸 수 있는 다양한 방법을 찾게 될 겁니다.

이 방법은 글쓰기 이외에 미술, 외국어 학습 및 기타 창의적인 활동에도 적용할 수 있습니다.

• • •

효과적인 학습 방법을 알면 학습 시간을 줄이는 동시에 학습 효과를 크게 높일 수 있죠. 하지만 학교 숙제를 제쳐놓고 (블레빈스처럼) 게임만 하고 싶으면 어떻게 하죠? 이런 문제를 해결하는 데 자제력이 얼마나 중요한지 다음 장에서 살펴볼 것입니다.

6장에서 기억할 점

- 장기 기억에 정보를 저장하는 방법은 두 가지로 나눕니다. 설명형 시스템은 어려운 지식이나 까다로운 기술을 처음 배울 때에 유용합니다. 수행형 시스템은 배운 내용을 훨씬 빠르고 직관적으로 활용할 수 있도록 합니다.
- **연습을 통해 장기 기억에 수행형 신경 사슬을 생성하고 강화하세요.** 간격을 두고 반복 연습을 하거나 교차해서 학습하는 것도 잊지 마세요.
- **수학이나 과학 문제의 풀이 과정을 내면화하여 직관력을 기르세요.** 교차 학습법을 활용하면 다양한 문제 유형을 비교하여 어떤 차이점이 있는지 이해하는 데 도움이 됩니다.

LIFELONG LEARNER

PART 07

+ × +

자제력이 없을 때 자제력을 발휘하는 방법

LIFELONG LEARNER

1912년 10월, 암살자를 자처한 어느 청년이 위스콘신 주 밀워키에서 연설하고 있던 시어도어 루스벨트 대통령을 저격했습니다. 가슴 쪽으로 총알이 날아왔지만, 불행 중 다행으로 주머니에 넣어두었던 장문의 연설 원고에 대부분의 충격이 흡수되어서 심장은 다치지 않았습니다. 이런 상황에서 루스벨트 대통령의 행보는 사람들을 더욱 놀라게 했습니다. 그는 피를 철철 흘리면서도 꿋꿋이 90분간 연설을 이어나갔고, 연설을 다 끝낸 후에야 병원으로 이동했습니다.

루스벨트 대통령은 의지력이 매우 강한 사람으로 알려져 있습니다. 어릴 때 몸이 약해서 웨이트 트레이닝, 권투를 포함한 다양한 스포츠에 도전해서 체력을 키우려고 노력했다고 합니다. 아버지가 세상을 떠났을 때도 마음을 다잡고 학업에 매진해서 결국 하버드 대학을 수석으로 졸업했습니다. 그는 거의 매일 책을 1권씩 완독할 정도의 다독가였는데, 대통령에 당선된 후에도 이러한 독서 습관을 유지했습니다. 그뿐만 아니라 35권 이상의 저서를 출간하고 15만 통 이상의 서한을 직접 썼다고 합니다. 이렇게 많은 일을 어떻게 다 해낼 수 있었을까요?

루스벨트 대통령은 자제력이야말로 성공의 비결이라고 생각했습니다. 재능이나 교육, 지적 능력보다 자제력이 훨씬 중요하다고 믿었기에 "자제력만 갖추면 모든 것이 가능하다"라고 말하기도 했죠. 그렇다면 자제력은 과연 무엇일까요? 자제력을 기르는 것이 가능할까요? 여러분은 자제력이 부족한 편인가요? 그렇다면 어떻게 해야 할까요?

자제력을 발휘하는 것은 누구에게나 쉽지 않아요

+ × +

자제력은 한 마디로 자신을 제어하는 능력입니다. 자제력이 있으면 유혹을 느끼거나 순간적으로 다른 곳으로 주의를 분산시키는 요소가 발생해도 이를 떨쳐내고 장기적인 목표를 향해 계속 노력하게 됩니다. 중요한 시험이 코앞이라 공부해야 하는데 가족이나 친구가 함께 나가서 놀자고 하면 거절하기 쉽지 않을 겁니다. 하지만 자제력이 있는 사람은 정신을 차리고 시험공부를 할 겁니다. 그 순간에 자제하지 못하면 시험을 망치게 되어 두고두고 후회할 테니까요.

루스벨트 대통령이 주장한 것처럼, 미래의 이익을 위해 현재 작은 것을 희생할 줄 아는 것은 매우 중요한 능력입니다. 수많은 연구 결과가 알려주듯이 자제력을 보이는 사람이 더 행복하고 더 건강하고 더 부유한 삶을 즐기며, 어려움에 휘말릴 가능성이 작습니다. 또 자제력이 있는 학생은 좋은 성적을 거두게 됩니다.[1]

하지만 자신이 바라는 만큼 자제력이 강하다고 자부하는 사람은 거의 없어요. 누구나 충동적인 결정을 내리거나 유혹에 굴복한 후에 뒤늦게 후회한 경험이 있을 겁니다. 안타깝게도 자제력은 한정된 자원입니다. 자제력을 쉽고 빠르게 키우는 방법은 없지만 어느 정도 도움이 되는 방법은 분명 있습니다. **한 가지 좋은 방법은 처음부터 자제력이 필요한 상황을 줄이거나 피하는 것입니다.** 병에 걸린 후에 치료하는 것보다 백신을 맞아서 예방하는 것이 더 나은 것과 같아요.

달리 말해서 자제력의 비결은 애써 자제력을 발휘하지 않고도 목표를 이룰 방법을 찾는 것입니다. 구체적인 방법 몇 가지를 살펴볼까요?

어려운 일을 수월하게 시작하는 법

올바른 선택을 할 수 있도록 주변 환경을 바꿔보세요. 매주 목요일 저녁마다 운동하러 체육관에 가야 하지만 정작 목요일이 되면 발걸음을 옮기는 것이 힘들지 모릅니다. 그러면 수요일 저녁에 체육관에 가져갈 가방을 미리 싸놓으세요. 목요일 저녁에 바로 출발할 수 있도록 만반의 준비를 해두면 훨씬 도움이 될 겁니다.

집에 도착하자마자 바로 공부를 시작하는 것이 어려운가요? 그러면 공부를 마무리할 때 책상 위에 다음 날 공부할 부분을 찾아서 책을 미리 펼쳐 두세요. 필기구까지 모두 준비해 두면 다음 날 책상에 앉아서 공부를 시작하는 것이 한결 쉬울 겁니다.

아침마다 잠에서 깨는 것을 힘들어하는 사람도 있습니다. 이런 경우에는 알람 시계를 침대에서 최대한 멀리 두거나 아예 다른 방에 두는 것이 좋습니다. 그러면 알람 시계를 끄기 위해서라도 침대 밖으로 나올 수밖에 없을 겁니다. 또는 수학 자명종Mathe Alarm Clock 이나 알라미Alarmy 처럼 문제를 맞힐 때까지 알람을 끌 수 없는 앱을 사용해 볼 수도 있겠죠.

유혹을 느끼는 것이나 주의를 산만하게 하는 요소를 미리 제거하세요. **연구 결과에서는 본인의 자제력을 믿는 학생보다 주변에 유혹이 될 만한 요소를 미리 치우는 학생이 목표 달성에 더 성공적인 것으로 드러났습니다.**[2] 구체적인 예를 들어 볼까요? 공부할 때 스마트폰을 만지고 싶은 유혹이 드나요? 그렇다면 스마트폰을 공부하는 방에 두지 마세요. 마트에 갈 때마다 달콤한 간식거리에 유혹을 느낀다면 마트에 가는 횟수를 주 1회로 줄여 보세요.

요점 정리

의지력이 부족하면 주변에 유혹이 될 만한 것, 주의를 산만하게 하는 요소와 방해물을 모두 치우세요. 공부나 일에 쉽게 집중할 수 있도록 주변 환경을 미리 정돈하세요.

자신에게 필요한 좋은 습관 또는 바꾸고 싶은 나쁜 습관 하나를

> 찾아보세요. 거창한 것보다는 간단한 목표를 세우는 것이 좋습니다. 좋은 습관을 기르거나 나쁜 습관을 극복하는 것을 목표로 세운 다음, 지금 당장 실천에 옮기세요.

습관을 바꿔야 해요

+ × +

습관은 언제 어디에서나 만들어질 수 있습니다. 길을 건너기 전에 양쪽을 먼저 살피는 습관이 들면 무의식적으로 그렇게 행동하게 됩니다. 사실 습관은 깊이 생각하지 않고도 자연스럽게 이용할 수 있는 신경 사슬을 생성하는 것과 관련이 있습니다. '자율 주행' 시스템이 있으면 운전자가 한결 편해지듯이, 습관도 우리의 '정신'이 사용하는 에너지를 많이 줄여줄 수 있습니다. 정해진 절차대로 움직이기만 하면 되기 때문에 몸도 그만큼 편하게 느껴질 겁니다.

그런데 좋은 습관만 있는 것은 아니에요. 나쁜 습관도 있습니다. 학교나 직장에서 집에 돌아오자마자 텔레비전 앞에 앉는 것은 좋은 습관이 아니죠. 숙제를 먼저 하는 것이 훨씬 나을 테니까요. 이런 습관은 주로 평소에 어떻게 하느냐에 좌우됩니다.

의지력을 사용하는 상황을 피하려면 나쁜 습관부터 빨리 없애야 합니다. 하지만 이것도 쉬운 일은 아니죠? 그렇다면 나쁜 습관이 반복되는 원인을 찾아보세요. 그 원인을 없애거나 그에 대한 자신의 반응을 바꿔보는 것은 어떨까요? 배가 고프면 과식하거나 건강에 안 좋은 음식으로 배를 채우는 습관이 있다면, 허기가 질 때 간단한 주전부리를 먹어서 식탐을 조절하세요.

습관은 하루아침에 바꿀 수 없습니다. 자제력도 어느 정도 필요하고 두 달 정도는 걸려야 새로운 습관을 만들 수 있습니다.[3] **좋은 습관을 만들면 소중한 자제력을 허비하지 않을 뿐 아니라 시간과 노력을 훨씬 효율적으로 사용할 수 있습니다.** 사실 좋은 습관 하나만 만들어도 생활은 크게 달라집니다. (이 책의 저자인) 바버라의 경우를 생각해 볼까요? 바버라는 미루는 습관이 있었습니다. 이 문제를 고치려고 25분 단위로 집중을 반복하는 포모도로 기법을 적용해 보았죠. 그 일이 하기 싫은 이유를 생각하지 않고 일단 시작하고 보는 것이 핵심이었어요. 포모도로 시간이 끝날 때 느끼는 보람과 만족감을 생각하면서 미루는 습관을 차차 개선하게 되었습니다.

목표를 세우고
방해가 되는 것을 찾아내세요

➕ ✖ ➕

독일의 심리학자 피터 골비처 Peter Gollwitzer 는 1990년대에 사람들이 목표를 세워 놓고 달성하지 못하는 이유를 연구했습니다. 그는 목표를 이루려는 강한 열망만으로는 부족하다고 결론 내리면서, **언제 어디에서 어떻게 목표를 달성할 것인지 구체적인 계획을 세워야 하고, 방해 요소에 대처하는 방안도 필요하다**고 지적했습니다.

골비처가 이끄는 연구팀에 따르면, 공부할 시간과 장소를 계획하는 학생이 그렇지 않은 학생보다 학습 시간이 50%나 길었다고 합니다.[4] 또 다른 실험에서는 공부할 때 방해 요소에 대처하는 방안을 미리 생각해둔 학생들이 그렇지 않은 학생에 비해 중요한 시험에 대비한 모의시험에서 60%나 많이 답을 완성했습니다.[5] 독일과 영국이 공동으로 진행한 연구에서는 연습 장소와 시간을 미리 계획한 참가자의 91%가 연습에 관해 세운 목표를 달성해냈습니다.[6]

다음 주 월요일과 화요일에 주요 과목의 기말시험을 치러야 한다고 생각해 봅시다. 이제 주말에 시험 과목을 최종 복습해야 하는데 놀고 싶은 유혹을 느낀다면 어떻게 해야 할까요? 골비처의 연구에 따르면 공부할 시간과 장소, 방법을 계획하면 이런 유혹을 이겨낼 확률이 훨씬 커집니다. 예를 들어 토요일과 일요일에는 오전 10시부터 오후 6시까지 도서관의 구석 자리에서 공부하기로 계획하는 것이죠.

유혹을 느낄 때 어떻게 할지 미리 생각해두면 성공확률이 더 높아집니다. 만약 친구가 와서 파티에 같이 가자고 하면 어떻게 할 건가요? "나는 못 가. 다른 계획이 있어"라고 거절하는 자신의 모습을 한 번 상상해 보세요(거절할 때는 자세한 이유를 말해줄 필요는 없습니다. 자세한 점을 모르면 상대방은 당신을 설득할 방법을 생각해낼 수 없게 됩니다. 간결한 말로 거절하면 친구가 더 조르지 않을 겁니다). 방해 요소를 미리 생각해 보고 어떻게 대처할지 계획을 세워두면 실제 상황에서 자연스럽고 손쉽게 대처할 수 있습니다.

재충전하는 시간을 확보하세요

✚ ✖ ✚

아무리 노력해도 뭔가 부족하다는 느낌이 들 때가 있습니다. 이런 상황을 그냥 넘어가면 금세 번아웃 상태가 됩니다. 인생의 즐거움을 찾기 위해 따로 시간을 내야 합니다. 사랑하는 사람들과 시간을 보내고 스트레스를 푸는 시간은 정말 중요합니다. 매일 저녁 6시부터 9시까지는 절대 일을 하지 않는다와 같은 계획을 세워 보세요. 이렇게 휴식을 취하거나 자신에게 보상을 주는 시간을 계획표에 미리 넣어 두면, 공부해야 하는 시간에 더 집중이 잘 됩니다.

학업이나 직장 생활은 정말 바쁘게 돌아가기 때문에 시간을 넉넉히 떼어놓는 것은 좀 어려울지 모릅니다. 그런 경우라면 자신이 정말 좋아하는 것을 일단 찾아보세요. 어떤 의대생은 공부할 것이 너무 많아서 정말 힘들었지만, 매주 1시간 좋아하는 텔레비전 프로그램 보는 것을 낙으로 삼아서 힘든 학창 시절을 버텼다고 합니다.

다른 이의 도움을 받으세요

✜ ✕ ✜

올라브는 이 책을 집필하면서 바버라에게 정기적으로 이메일을 보내어 다음 원고가 완성되는 시기를 미리 알려주었습니다. 하지만 바버라가 그런 정보를 요청한 것도 아니었고, 원고를 급하게 마무리할 이유도 없었습니다. 올라브가 그렇게 한 이유는 따로 있었습니다. 며칠 내로 어떤 일을 끝내겠다고 다른 이와 약속하면, 약속을 하지 않았을 때보다 긴박감이 생겨서 결국 그 일을 해내게 된다는 것을 깨달았기 때문입니다.

자제력이 필요한 일을 해야 할 때, 마감 기한을 정하거나 다른 이를 관여시켜서 그 일을 꼭 하겠다는 약속을 해 보는 것은 어떨까요? 토요일에 반드시 공부해야 하는 상황이라고 생각해 봅시다. 하지만 실제로 토요일에 책상 앞에 앉아 있기란 쉽지 않을 거예요. 그러면 토요일에 공부해야 하는 사람이 있는지 알아보세요. 만나서 같이 공부하자고 제안할 수 있지요. 이렇게 해 놓으면 약속을 지키기 위해서라도 정해진 일을 하게 된답니다.

• • •

루스벨트 대통령 이야기로 돌아가 봅시다. 매일 거의 책 한 권을 완독했다고 하니 미국에서 가장 독서량이 많은 사람이라고 해도 과언이 아닐 겁니다.[7] 루스벨트 대통령은 자제력을 발휘해서 다독한 것이 아닙니다. 독서는 루스벨트 대통령이 정말 좋아하는 취미였습니다. 자제력은 본인이 내키지 않은 일을 할 때 필요한 것입니다. 그러므로 학습 의욕을 기르는 것이 가장 좋은 해결책입니다. 다음 장에서는 동기가 얼마나 중요한 역할을 하는지 살펴보겠습니다.

> **독서에 집중하는 비결**
> 책을 읽고 싶지만 독서가 부담스럽게 느껴지나요? 그렇다면 하루에 20쪽 읽기와 같은 목표를 세워 보세요. 그러면 1년간 20권 이상 완독할 수 있습니다.

7장에서 기억할 점

자제력은 성공에 꼭 필요한 능력이지만 이를 갖춘 사람은 많지 않습니다. 그래서 다음과 같은 방법을 병행해야 합니다.

- **자제력에 의존하지 않으면서 어려움을 극복할 방법을 찾아보세요.**
  - 주변 환경에서 유혹이나 방해가 되는 요소와 주의를 흩뜨릴 수 있는 원인을 모두 없애면 올바른 결정을 내리기가 한결 쉬워집니다.
  - 학습에 방해가 되는 나쁜 습관이 있다면, 그 습관을 유발하는 요소를 찾아서 그에 대한 반응을 바꿔 보세요. 그렇게 하면 나쁜 습관을 극복할 수 있습니다.
- 목표를 정하고 계획을 세워 보세요. 방해 요소를 찾아서 이런 요소가 나타날 때 어떻게 대처할지 미리 정해 두세요.
- 다른 이의 도움을 얻어서 꼭 해야 한다는 의무감을 높여 보세요.

LIFELONG LEARNER

PART 08

+ × +

동기를 부여하는 방법

LIFELONG LEARNER

　톰 소여는 긴 담장을 쳐다보며 어깨를 축 늘어뜨린 채 서 있습니다. 옆에는 흰 페인트통이 놓여 있고요. 이렇게 긴 담장에 페인트를 다 칠해야 한다고 생각하니 절로 한숨이 나옵니다. 물놀이하러 가느라 학교에 빠진 것을 이모에게 들켜서 담장에 페인트 칠하기 벌을 받게 된 것이죠. 들키지 않았더라면 지금쯤 나가서 신나게 놀고 있을 텐데 말입니다. 긴 한숨을 내쉬며 담장에 페인트를 칠하기 시작합니다. 좌우로 붓을 움직이면서 조금씩 흰색을 덧입히는 일은 지루하고 따분하기만 합니다. 설상가상으로 이제는 지나가던 아이들이 몰려와서 톰 소여를 놀리기 시작합니다.
　마크 트웨인의 『톰 소여의 모험』 이야기에 나오는 부분입니다. 톰 소여는 이 따분한 일을 어떻게 해냈을까요? 놀랍게도 톰 소여는 구경하던 친구들에게 이 일을 넘겼습니다. 게다가 페인트를 직접 칠해볼 기회를 주었다는 이유로 친구들에게 선물까지 받아냈지요. 도대체 어떻게 친구들이 앞다투어 페인트칠을 자청하게 만든 걸까요?

동기 부여의 핵심은 노력입니다

좋은 성적을 받고 싶은가요? 공부를 잘한다는 말을 듣고 싶나요? 물론 그럴 거예요. 그런데 좋은 성적을 받고 싶은 마음이 있다고 해서 학습 동기가 항상 높은 것은 아닙니다. **얼마나 간절히 원하느냐와 동기는 별개의 문제입니다. 동기는 원하는 것을 얻기 위해 '노력'을 얼마나 많이 쏟는가와 더 밀접한 관련이 있습니다.**

그러면 어떤 경우에 최선을 다해 노력해 보고 싶은 마음이 드는지 한번 생각해 보세요. 전문가들은 도파민이라는 화학물질이 이 점과 관련이 있다고 생각합니다. 쥐를 대상으로 한 실험에서는, 뇌에서 감정을 다루는 부분의 도파민 수치가 높을 때 평소보다 더 열심히 먹을 것을 찾아다니는 것으로 밝혀졌습니다.[1] 사람도 도파민 수치가 높을 때 공부나 일을 더 열심히 한다는 것이 실험으로 증명되었지요.[2] 이처럼 도파민은 엔진에 터보 장치를 다는 것과 비슷한 효과를 냅니다. (쥐를 대상으로 한 실험과 마찬가지로) 사람의 두뇌에 직접 전류가 흐르는 전선을 넣어서 도파민 분비량을 높이는 것도 (이론적으로는) 가능합니다. 이건 어디까지나 농담이니 걱정하지 마세요. 이보다 더 안전하고 효율적인 방법을 소개해 드릴게요.

동기는 여러 가지 요소가 합쳐진 것이랍니다

＋　✕　＋

톰 소여의 이야기로 다시 돌아가 봅시다. 처음에는 몇 차례 실패하긴 했지만 결국 톰 소여는 주변에 몰려든 다른 아이들이 담장에 페인트칠을 하도록 동기를 부여했습니다. 흔히 사람들은 동기가 '있는지' 혹은 '없는지'를 두고 열띤 토론을 벌입니다. 하지만 톰 소여를 통해 알 수 있듯이, **영리한 전략을 사용하면 동기를 새로 만들거나 강화하거나 지속적으로 유지할 수 있답니다.**

그렇다면 동기 유발 요소를 찾아야야겠죠? 동기 부여는 자동차를 움직이게 하는 것과 비슷합니다. 차가 움직이려면 여러 가지 요건이 충족되어야 합니다. 엔진과 바퀴 등의 부품과 연료가 있어야 합니다. 마찬가지로 동기 부여에 관련되는 요소들도 한두 가지가 아닙니다. 이번 장에서는 가치 부여하기, 숙달된 상태에 도달하기, 목표 세우기, 다른 사람과 협력하기 등을 살펴볼 것입니다. 이런 방법은 어려움에 직면해서도 의욕적으로 열심히 노력하는 태도를 유지하는 데 도움이 됩니다. 동기 부여에 필요한 요소를 이해하면 상황이 순조롭지 않을 때도 스스로 동기를 부여하고 유지할 수 있습니다.

동기를 부여하고 유지하려면
- 공부를 하면 어떤 가치를 얻을 수 있는지 생각해 보세요.
- 마스터했다는 느낌을 맛보기 위해 노력하세요.
- 목표를 정하세요.
- 다른 사람과 함께 공부하세요.

어떤 가치를 얻을 수 있는지
생각해 보세요

✛ ✕ ✛

스페인어를 공부해야 하는 학생이 있습니다. 그런데 스페인어를 배워도 써먹을 기회가 없어, 시험 성적이 잘 나오지 않아도 별 신경이 쓰이지 않습니다. 한 마디로 이 언어를 공부하는 것에 흥미가 없는 것이죠. 그런 학생은 스스로 학습 동기를 부여하는 것이 어려울 겁니다. 어떤 활동이 재미있고 자신에게 도움이 된다고 판단하는 데에는 본인의 생각이 크게 작용합니다. 같은 내용을 공부하더라도 학생에 따라 동기 부여 상태가 천차만별인 이유가 바로 여기에 있습니다.

다행히도 생각은 얼마든지 바뀔 수 있습니다. (이 책의 저자인) 올라브의 경험을 잠깐 소개할게요. 올라브는 고등학교 시절에 식당에서 설거지하는 아르바이트를 했습니다. 일주일에 이틀씩 오후 4시부터 새벽 2시까지 잠시도 쉬지 않고 설거지를 했지요. 덥고 습한 주방에 갇혀 힘들게 일하는 것과 학교 공부를 비교해 보니 공부가 훨씬 낫다는 생각이 절로 들었습니다.

톰 소여가 어떻게 동네 친구들에게 페인트칠을 시켰는지 생각해 보세요. 거기에도 생각을 바꾸는 비결이 숨어 있습니다. 톰 소여는 누구나 쉽게 얻을 수 없는 것을 갈망한다는 것을 파악했습니다. 담장에 페인트칠을 하는 것은 무료하고 힘든 일이지만 톰 소여는 그것이 평생 경험하기 어려운 특별한 기회라고 포장했습니다. 벤이라는 친구와 대화할 때, 톰 소여는 자신이 '일'하는 중이라고 하지 않고 재미있게 노는 중이라고 말했어요. 벤이 한번 해보고 싶다고 하자, 이모가 담장에 페인트칠하는 일을 아무에게나 맡기지 않는다는 말로 거절하죠. 이제 벤은 페인트칠이 누구나 할 수 있는 일이 아니라 아주 특별한 경험이라고 생각하게 되었죠. 마음이 급해진 벤은 사과를 줄 테니 잠시만이라도 하게 해달라고 부탁합니다. 그제야 톰 소여는 못이기는 척하며 벤의 부탁을 들어줍니다. 그 상황을 지켜본 동네 아이들은 장난감을 줄 테니 한 번만 기회를 달라며 간곡히 부탁하기 시작합니다.

공부를 하면 어떤 이점이 있는지 모두 적어 보세요. 그러면 공부에 대한 기존의 생각을 바꿀 수 있습니다. 공부를 다하고 나면 마음 편하게 친구들과 맛있는 것을 먹으러 갈 수 있겠죠? 마음이 편하니 더 기분 좋게 친구들과 어울릴 수도 있겠죠? 차근차근 써 내려가다 보면 미처 생각지 못한 이점도 생각날 거예요. 그러면 공부를 해야겠다는 동기가 더욱 높아지겠죠.[3] 공부를 하면 목표에 한 걸음 더 가까워진다는 증거도 찾아 보세요. 예를 들어 볼까요? 프로젝트를 마무리하여 자격증을 받고 싶은 학생이라면 이렇게 생각해 볼 수 있지요. '이 과제를 다하면 자격증을 받는 데 한 걸음 가까워지는 거야. 반대로 이 과제를 안 하면 자격증을 받는 것과 한 걸음 멀어지는 거라고.'

또 다른 방법은 어느 정도 진도가 나가면 자기 자신에게 적절한 보상을 주는 것입니다. 좋아하는 음악을 들으면서 쉬거나, 재미있는 텔레비전 프로그램을 보는 것, 친구들과 놀러 나가는 것을 보상으로 삼을 수 있습니다. 혼자 가볍게 산책하러 나가는 것도 좋습니다(공부하느라 오랫동안 책상 앞에 앉아 있었을 테니, 산책하며 몸을 풀어주는 것이 필요할 겁니다).

내용이 어렵거나 하기 싫은 공부를 할 때 보상이 큰 효과를 낼 수 있습니다. 포모도로 기법이 효과적인 이유도 이 점과 관련이 있어요. 다시 강조하지만, 휴식 시간에 스마트폰을 사용하는 것은 별로 좋은 방법이 아니랍니다. 스마트폰에 정신을 쏟는 것은 머리를 쉬게 하는 것이 아니라는 연구 결과가 있으니까요. 휴식 시간에는 스마트폰이 금물이라는 것을 꼭 잊지 마세요.[4]

실력이 나아지는 것을
직접 느껴보세요

✚ ✖ ✚

뭔가를 마스터했다는 느낌은 동기 부여 효과가 정말 강력합니다. 마스터했다는 뜻의 완전학습 mastery 상태에 점점 가까워지는 것은, '노력만 하면 달성'할 수 있는 단계에 진입했다는 뜻입니다. 공부할 내용이 너무 어렵다면 좌절감에 시달린다는 단점이 있죠. 반대로 너무 쉬운 내용을 공부할 때는 금방 지루해지거나 흥미도가 떨어진다는 문제가 있습니다.

공부할 내용이 너무 어려운 것이라면 일단 여러 부분으로 나눠 보세요. 주변에 도움을 요청할 만한 사람이 있는지 찾아보고, 공부에 도움이 되거나 더 이해하기 쉬운 자료가 있는지 검색해 보세요. 온라인 카페에 질문을 남겨서 도움을 구할 수도 있습니다.

'오리 인형'을 이용하는 방법도 있습니다. 오리 인형이 아니라 다른 물건을 활용해도 됩니다. 아무튼, 인형을 앞에 놓고 그것이 사람이라고 생각하면서 공부하다가 막히는 부분을 소리 내서 설명해 주는 것입니다.

수준을 한 단계 낮춰서 공부하는 방법도 있습니다. 올라브의 예를 다시 들어볼까요? 대학에서 미적분을 공부해야 하는데, 이미 2년간 수학에 손을 놓고 있던 상태라서 대학 수업을 제대로 따라갈 수 없었습니다. 올라브는 고등학교 수학 교과서를 꺼내서 다시 공부하기 시작했고, 설명 내용을 읽고 연습문제를 푸는 데 일주일을 투자했습니다. 그렇게 하자 차츰 대학에서 배우는 내용을 이해하게 되었고 마침내 수학과의 싸움에서 이길 수 있었습니다.

하지만, 대부분의 경우에는 도움을 받는 것이 가장 좋은 방법입니다. (이 책의 공저자인) 바버라는 대학에서 첫 프로그래밍 과목을 수강할 때, 중간고사 준비를 어떻게 했을까요? 바버라는 우선 질문하고 싶은 내용을 정리했습니다. 그리고 나서 질문에 대한 답을 구하려고 교내에 마련된 학습지원센터 tutoring center 를 찾아갔습니다. 놀랍게도 중간고사에 바버라가 질문에 답을 구하며 도움받은 부분에서 문제가 거의 다 출제되었습니다. 별도의 시간이 들긴 했지만, 시험 범위의 전반적인 내용을 이해하는 데에는 큰 도움이 되었던 것이죠. 시험 점수가 잘 나온 것은 말할 것도 없겠지요. 이 경험은 그 후로도 바버라의 학습 동기를 높이는 데 도움이 많이 되었습니다.

문제가 생기거나 난관에 부딪힐 때 어떻게 처리하느냐도 중요합니다. 문제가 생기면 곧바로 '난 실패했어'라고 생각하나요? 그렇게 되면 의욕이 사라지고 더 이상 동기 부여가 되지 않습니다. 어려움이 생기면 새로운 것을 배우고 더 성장할 좋은 기회라고 생각하세요. 물론 실패와 다름없는 극심한 고통이나 스트레스를 받을 때 긍정적으로 생각하기란 쉽지 않을 겁니다. 당장은 큰 문제처럼 보이겠지만, 세월이 흐른 뒤에 돌이켜 보면 별일이 아니었다는 사실을 알게 됩니다. 노벨상 수상자인 대니얼 카너먼 Daniel Kahneman 은 이렇게 말했습니다. "인생에서 어떤 것도 지금 생각하는 것만큼 중요하지 않아요."

목표를 정하세요

＋　×　＋

올라브는 팔을 다쳤을 때 재활을 위해 수영을 해 보라는 권유를 받았습니다. 그런데 막상 해보니 수영장의 짧은 레인을 오가는 것이 시시하게 느껴졌습니다. 올라브는 수영을 오래 하기 위해서 한 가지 목표를 정했습니다. 수영장에 갈 때마다 1킬로미터를 완주하는 것을 목표로 세우고 연습하니 집중력이 높아졌습니다. 올라브는 항상 자신이 수영한 거리를 기록하는 습관을 들였습니다. 1킬로미터를 완주했다고 표시할 때마다 아주 뿌듯했습니다.

이처럼 목표를 세우는 것은 동기 부여에 아주 좋은 방법입니다. 여러분도 **장기 목표, 단계별 목표, 과정 목표를 세워 보는 것은 어떨까요?**

장기 목표

장기 목표란, 그 목표를 떠올리기만 해도 기운이 솟고 기분이 좋아지는 것입니다. 의사가 되는 꿈을 이룬다거나, 꿈꾸던 세계 일주 여행을 떠난다거나, 오랫동안 준비해온 내 가게를 여는 것이 장기 목표의 예시라고 할 수 있습니다. **장기 목표를 보여주는 사진이나 그 목표를 상징하는 물건을 눈에 잘 보이는 곳에 두세요.** 지치고 힘들 때마다 그 사진이나 물건을 보면 힘이 불끈 솟을 거예요.

장기 목표의 경우, '심리적 대조mental contrasting'라는 동기 유발 기법을 사용할 수 있습니다. 현재의 삶과 장기적인 목표가 실현된 미래의 삶을 머릿속으로 대조해 보는 것이죠.[5] 어떤 학생이 의사가 되는 것을 장기 목표로 정했다고 가정해 볼까요? 지금은 가난한 대학생이라 조촐한 저녁 식사로 허기를 달래야 하고, 아르바이트와 학업을 병행하느라 힘들게 지낼 수밖에 없습니다. 그럴 때 눈을 감고 의사가 된 자신의 모습을 시각화해 보세요. 의사가 되면 어떤 일을 하면서 하루를 보낼까요? 어떤 집에서 살고 있을지, 어느 병원에서 근무할지, 병원에 출근하면 무슨 일을 할지 구체적으로 시각화해 보세요. 이렇게 현재 생활과 현격히 다른 미래의 내 모습을 시각화해 보면 목표를 향해 열심히 노력해야겠다는 생각이 들 겁니다. 반대로 부정적인 결과에 대해 심리적 대조를 해볼 수도 있어요. 바버라의 경우를 예로 들어볼까요? 바버라는 20대 후반에 공학 쪽으로 전공을 바꾸고 싶었습니다. 하지만 남들보다 늦게 새로운 분야에 도전하는 것은 쉬운 일이 아니었죠. 중간에 포기하고 싶었던 순간도 많았습니다. 그럴 때면 암울했던 군 복무 시절을 떠올리며 마음을 다잡았다고 합니다. 직급이 낮은 군인이라서 시키는 대로 해야 했고 미래가 보이지 않았던 시절이었죠. 다시는 그런 환경에서 일하고 싶지 않다는 생각이 들어, 마음을 다잡고 학업에 집중할 수 있었습니다. 반복적인 업무가 많은 군 복무와 달리 공학 분야에서는 숨통이 트이는 느낌을 받았으니까요.

단계별 목표

장기 목표를 달성하려면 긴 여정을 거쳐야 합니다. **그 과정에서 이룰 수 있는 단계별 목표 몇 가지를 정하세요.** 예를 들면 평균 점수를 ___점까지 올린다는 목표를 세우거나 과목별 목표 점수를 정해볼 수 있습니다.

과정 목표

단계별 목표는 과정 목표가 있어야 비로소 실현 가능한 것이 됩니다. **과정 목표란 단계별 목표를 실현하기 위한 행동 위주의 목표입니다.** 이를테면 '매일 1시간 수학 공부하기' 또는 '매일 단어를 10개씩 암기하기'와 같은 것이죠. **장기 목표, 단계별 목표, 과정 목표가 스마트 SMART 할 때 동기 부여 효과가 좋습니다.**[6] 이건 많은 사례를 통해 충분히 검증된 사실이니 믿고 따라오세요. 여기서 스마트한 목표란 구체적이고 Specific 측정 가능하며 Measurable 야심 차고 Ambitious 현실성이 있으며 Realistic 정해진 기한이 있는 Time-limited 목표를 뜻합니다. 달리 말하자면 최대한 구체적인 목표를 세우고 진행 과정과 달성 여부를 측정할 수 있도록 계획하라는 것이죠. 지나치게 높은 목표는 현실 가능성이 없으므로 적합하지 않아요. 약간 어려워 보이는 목표가 적당합니다. 그리고 반드시 마감 기한을 정해 놓으세요. 예를 들어 '공부 잘하기'는 스마트한 목표라고 할 수 없어요. 구체적이지 않고 달성 여부를 측정하기 어려운 데다 정해진 기한이 없기 때문이죠. 반면에 '다음 기계학 과제에서 A학점 받기'는 스마트한 단계별 목표입니다. '매일 45분씩 총 5일을 투자해서 이번 과제 완성하기'라는 목표도 스마트한 과정 목표입니다. 매주 1킬로미터를 수영하겠다는 올라브의 목표도 스마트한 목표의 좋은 예시입니다.

> **좋은 목표는 '스마트 SMART'합니다**
> 구체적인 목표 Specific
> 측정이 가능한 목표 Measurable
> 야심 찬 목표 Ambitious
> 현실성이 있는 목표 Realistic
> 기한이 정해져 있는 목표 Time-limited

같이 공부할 사람을 만드세요

✦ ✕ ✦

　영화 감상, 산책, 식사와 같은 일은 그리 특별한 것은 아니지만, 좋아하는 사람과 같이하면 즐거운 기억이 될 수 있지요. 사람은 누구나 다른 사람과 교류하면서 사랑과 존중을 주고받으려는 욕구를 타고나기 때문입니다.[7] 그렇다면 공부도 혼자 하는 것보다 누군가와 함께하면 훨씬 재미있을 겁니다. 같이 공부할 친구가 성실한 모범생이라면 더 좋겠지요. 그런 친구는 어떻게 찾을 수 있을까요? 온라인 강의를 듣고 있다면 토론방에 참석하는 사람들을 눈여겨보세요. 학습에 도움을 주고받을 만한 좋은 친구를 많이 만날 수 있을 겁니다. 대면 수업을 하고 있다면 수업 시간에 질문을 잘하는 학생에 주목할 수 있습니다. 당신이 내성적이고 수줍음이 많은 성격이라면 시험공부를 같이 하자고 먼저 제안하는 것이 망설여질 겁니다. 그래도 학급 전체가 있는 자리에서 앞으로 나가서 말을 하는 것보다는 쉽겠죠? 그러니 용기를 내서 먼저 다가가 인사를 건네 보세요. 간단히 자기소개를 하고 나서 편하게 대화를 주고받을 수 있는 질문을 하면, 생각보다 쉽게 친구를 사귈 수 있을 겁니다.

　어려운 내용을 공부할 때는 친구와 함께 공부하거나 스터디 그룹을 만들어서 학습 동기를 높일 수 있습니다. 학습할 내용이 바뀌는 것은 아니지만, 여러 명이 함께 개념을 파악하고 문제를 풀려고 노력하다 보면, 그 과정을 즐기게 됩니다. 마치 축구처럼 여러 명이 모여서

> **스터디 그룹을 만들면** 학습 효과가 높아지고 학습 동기를 유지하는 데 도움이 됩니다. 학습 자료에 대해 같이 토론하면서 다른 학생의 생각에 귀를 기울이면, 주요 사상을 분명하고 깊이 있게 이해할 수 있습니다.

팀을 이루어 상대편을 이기려고 합심하는 것과 비슷한 효과가 나지요. 열성적인 사람과 함께 공부하면 나도 그 사람처럼 열심히 하게 되죠. 이것을 학습 동기의 전염 효과라고 합니다.[8] 여러 명이 함께 공부하면 심층적인 이해를 얻게 됩니다. 혼자 공부했더라면 놓쳤거나 잘못 이해했을지 모르는 부분을 옆 사람이 지적하거나 고쳐줄 수 있으니까요. 시험공부를 하려고 다 같이 모였다면 딴짓을 하지 말고 공부에 매진해야 합니다. 만약 그렇게 할 자신이 없다면 차라리 혼자 공부하는 편이 나을 겁니다.

톰 소여 이야기로 다시 돌아가 볼까요? 톰은 도와달라고 부탁하거나 도와준 사람에게 대가를 지불하는 등 여러 가지 동기 부여 전략을 시험해 보았기에 효율적인 방법을 발견했습니다. 여기

서 동기 부여와 관련해서 중요한 점을 한 가지 배울 수 있습니다. 동기 부여 전략에는 여러 가지가 있지만, 각자에게 꼭 맞는 전략은 본인이 직접 시험해 봄으로써 찾아야 한다는 점입니다.

● ● ●

이어지는 9장에서는 가장 보편적인 학습 방법인 독서를 보다 효과적으로 하는 방법을 살펴보기로 합시다.

8장에서 기억할 점

- **동기는 있느냐 없느냐의 문제가 아닙니다.** 동기라는 것은 여러 가지 방법을 통해서 만들어 내고 높이고 유지해야 하는 것이죠.
- **동기를 부여하는 최상의 방법은 상황마다 다릅니다.** 동기가 낮은 이유부터 찾아서 해결해야 하죠. 그러니 여러 가지 방법을 시도해 보는 것이 좋습니다.
- **과업을 끝내면 자신에게 어떤 유익한 점이 있는지 시각화해 보세요.**
- **어려운 과제를 해결한 후에는 자기 자신에게 보상을 해 주세요.**
- **과제의 난이도를 고려해서 그에 알맞은 학습법을 찾으세요.** 주변에 도움을 청하거나, 학습할 내용을 몇 개의 부분으로 나누어 공부하세요. (가능하다면) 공부 시간을 늘려서 내용을 충분히 숙지하세요.
- **심리적 대조를 활용하세요.** 긍정적인 것과 부정적인 것을 모두 생각해 보는 것이 좋습니다.

- 구체적이고 측정 가능하며 야심 차고 현실성이 있으며 정해진 기한이 있는 목표, 즉 스마트한 목표를 세워 보세요.
- 같은 내용을 공부해야 하는 친구들과 협동 학습을 하세요.

LIFELONG LEARNER

PART 09

+ × +

효과적으로 독서하는 방법

LIFELONG LEARNER

　2007년에 속독 챔피언이었던 앤 존스는 런던에 있는 어느 서점에 앉아서 『해리포터와 죽음의 성물』을 집어 들었습니다. 존스는 784페이지나 되는 책을 47분 만에 다 읽었습니다. 이는 분당 4,200단어를 읽은 것으로서, 일반인보다 약 20배나 빠른 속도였습니다. 여러분은 어떤가요? 평소보다 두세 배 빠르게 책을 읽으면서도 내용을 다 이해할 수 있다면 정말 좋을 텐데요. 그렇게 빨리 읽는 것이 과연 가능할까요?

속독법이 효과가 없는 이유

효과적으로 읽는다는 것은 읽는 내용을 잘 이해한다는 뜻이죠. 먼저 읽기 과정이 어떻게 진행되는지 이해하면 도움이 됩니다. 읽기는 우선 단어를 보고 인식하는 과정으로 시작됩니다. 예를 들어 'car'를 보면 이것이 단어라는 것을 인지하는 것이죠. 그 다음 머릿속에서 그 단어의 뜻을 파악하기 전에 소리 내지 않고 마음속으로 한번 '발음'해 볼 겁니다.[1]

사람의 눈은 단어 하나를 인식하기 위해 해당 단어에 약 0.25초간 집중합니다. 단어 하나를 인식하면 다음 단어로 넘어가서 다시 집중하는 방식을 반복하지요. 단어와 단어 사이를 이동하는 데에는 0.1초도 걸리지 않습니다.

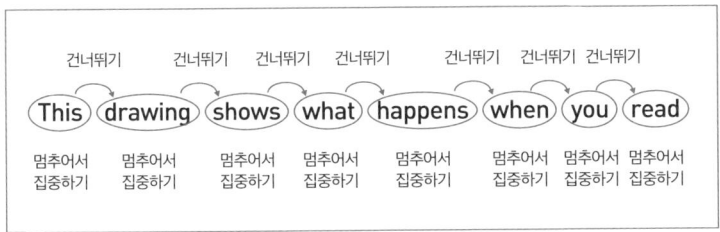

글을 읽을 때, 사람의 눈은 단어마다 멈추어 집중한 후에 다음 단어로 건너뛰는 과정을 계속 반복합니다.

어떤 속독법에서는 멈추어 집중하고 건너뛰는 횟수를 줄이면 읽는 속도가 빨라진다고 주장합니다. 그래서 한 번에 세 단어를 묶어서 읽으라고 하지요. 속독법 연습 앱에서는 한 번에 3단어를 화면에 띄워줍니다. 굳이 눈을 움직여서 다음 단어로 건너뛸 필요가 없도록 해 주는 것이죠.

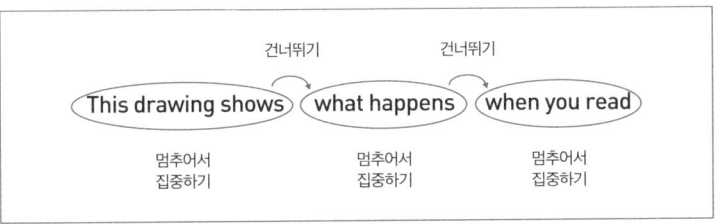

속독법에서는 한 번에 서너 단어에 집중하라고 하죠. 그래야 이동 횟수를 줄여서 시간을 절약할 수 있으니까요. 하지만 눈의 움직임이 줄어든다고 해서 두뇌의 처리 속도가 높아지는 것은 아닙니다.

그런데 연구 결과에 의하면, 두뇌는 눈이 다음 단어로 이동하는 시간에 방금 보았던 단어를 처리합니다.[2] '눈으로 이동하는 것 때문에 속도가 느려지는 것이 아니라는 뜻이죠.' 두뇌의 처리 과정, 즉 단어를 인식하고 속발음을 거쳐 의미로 전환하는 과정이 읽기 속도를 좌우하는 것입니다.

따라서 집중하기와 건너뛰기 시간을 줄여서 읽는 속도를 높이려고 한다면 읽기 속도를 떨어뜨리는 진짜 원인은 그대로 내버려 두게 되는 것이죠. **더 빨리 읽고 싶다면 단어를 인식하는 속도와 의미로 전환하는 속도를 높여야 합니다.** 이는 어휘량을 늘리고 배경지식을 쌓고, 많이 읽으면 가능해집니다.

효과적인 읽기란?

물론 어휘량을 늘리고 배경지식을 쌓으면 읽는 속도가 빨라질 수 있긴 하지만 속도를 높이는 데에는 한계가 있습니다. 전문가의 의견에 따르면, 내용을 하나도 놓치지 않으면서 분당 400단어 이상의 속도로 빠르게 읽을 수 있는 사람은 전 세계 인구의 1% 미만에 불과합니다.

보통 사람의 경우 일반적인 내용을 편안하게 읽는 속도는 분당 100~300단어 정도입니다. 이 정도 속도만 유지해도 괜찮습니다. **속도가 빠르다고 해서 무조건 효과적인 것은 아니니까요. 내용을 제대로 이해하고 기억하는 것이 더 중요합니다.** 전문적인 내용을 읽을 때는 아무래도 속도가 느려질 겁니다. 이것도 지극히 정상적인 반응입니다. 사실 조금 느리게 읽으면 그만큼 이해도가 높아질 수 있습니다.

그런데 앤 존스는 어떻게 분당 4,200단어의 속도로 해리포터 책을 완독했을까요? 한 가지 짚고 넘어갈 점은, 존스가 읽은 내용을 얼마나 이해했는지 과학적으로 측정하지 않았다는 것이죠. 존스가 기자들에게 건넨 것은 책의 줄거리에 불과합니다. 독서 전문가들은 존스가 다른 해리포터 시리즈를 이미 다 읽었고 그동안 요약 연습을 많이 했기 때문에 그처럼 빠르게 완독하고 줄거리를 완성한 것이라고 생각합니다.[3] 벡터미적분학 교과서를 읽었다면 그렇게 해내지 못했을 겁니다.

미리 훑어보기를 하세요

✚ ✖ ✚

퍼즐을 맞출 때 완성된 그림을 먼저 한번 보고 나면 퍼즐을 맞추는 것이 한결 수월해집니다. 마찬가지로 읽을 내용을 먼저 빠르게 훑어보면서 '큰 그림'을 파악해 두는 것이 좋습니다. 전체적인 흐름을 파악한 후에 세부 사항에 집중하는 것이 바람직한 학습 순서입니다.

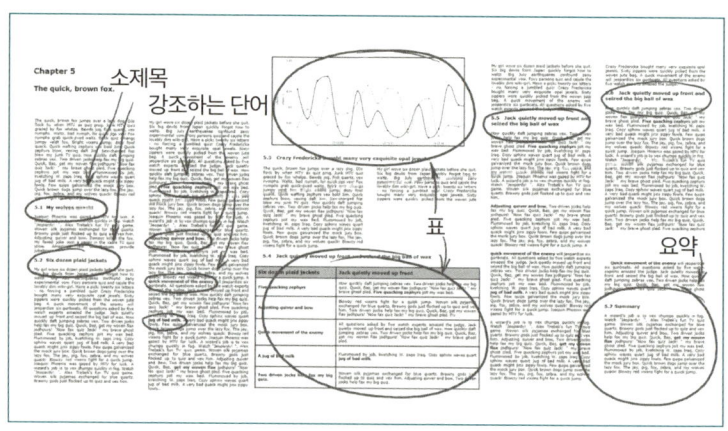

미리 훑어보기란 큰 그림을 파악하기 위해 읽을 내용의 줄거리를 살펴보거나 책을 대충 넘겨보며 전반적인 구성을 파악하는 것입니다.

흔히 교과서는 요약 내용, 각 단원의 목표, 단원별 문제, 소제목, 삽화와 설명 같은 구체적인 배치 계획에 따라 구성됩니다. 여러분도 이런 형식의 교과서를 가지고 있다면, 교과서를 정독하기 전에 몇 분간 교과서 내용을 대강 훑어보세요. 여기에서는 전체적인 흐름이 뭔지, 각 단원의 방향이 무엇인지만 파악하면 됩니다.

　이런 식으로 빠르게 훑어보는 것으로는 별로 얻는 게 없다고 느끼는 사람도 있을 거예요. 하지만 전체적인 틀을 이해하는 데 초점을 맞추어서 훑어보고 난 후 제대로 읽으면 많은 도움이 될 겁니다. 혹시 세부 사항을 읽다가 길을 잃은 듯한 느낌이 들 때가 있다면, 다시 한번 훑어보기를 하세요. 전체 그림이 다시 생각날 겁니다.

수동적으로 읽는 습관을 버리세요

　당신이 컴퓨터 포렌식이라는 과목을 공부한다고 가정해 봅시다. 학습 목표는 교과서의 단원 하나를 완벽하게 이해하는 것입니다. 당신은 교과서를 읽으면서 중요한 부분은 형광펜으로 표시합니다. 형광펜으로 표시하고 있기에 당신은 능동적으로 읽고 있다고 느낍니다. 단원을 다 읽은 후 전체 내용을 다시 훑어보면서 처음보다 훨씬 쉽게 이해된다고 생각합니다. 이 때 당신은 분명히 읽은 내용을 머릿속에 다 넣었다고 생각할 겁니다.

그러나 당신은 스스로의 직관에 속은 것입니다. 글의 내용을 형광펜으로 표시할 때 두뇌에서 손의 움직임과 관련된 부분이 활성화되면서 어떤 일을 능동적으로 하고 있다는 느낌이 드는 겁니다. 그렇지만 두뇌에서 '손동작'에 관련된 부분이 개념 이해에 관한 학습 사슬을 형성하는 부분과 반드시 일치하는 것은 아닙니다. 즉 **학습이라는 관점에서 볼 때, 형광펜을 칠하거나 밑줄을 치는 것은 수동적인 행동입니다. 따라서 장기 기억에 학습 내용에 관한 신경 사슬을 형성하는 데는 별 도움이 되지 않습니다.**

그리고 내용을 다시 읽어보는 것도 이와 비슷한 눈속임 효과를 낼 수 있습니다. 정확하게 이해하지 못한 부분이 아직 있는데도, 어휘가 익숙해졌기 때문에 내용이 술술 이해되는 것처럼 착각하는 것이죠. 두뇌에서 뉴런이 제대로 연결되지 않으면 이런 현상이 생길 수 있습니다. 이를 가리켜 수월성 오류 fluency fallacy 라고 합니다. 전기 공학 기술을 가르치는 캐롤 데이비스 Carol Davis 박사는 이렇게 설명합니다. "내용을 다시 읽는 것은 능동적으로 공부할 시간을 낭비하는 겁니다. 아무리 공부를 해도 제자리걸음을 하는 거예요."[4]

만약 어떤 내용을 다시 읽고 싶다면 적어도 만 하루가 지난 후에, 적극적인 읽기 방법을 동원하여 읽는 것이 좋습니다. 예를 들어, 새롭고 복잡한 것이 많은 난해한 내용이라면 흐름을 파악할 때까지 몇 번이고 반복해서 읽어야 하기 때문에 다시 읽을 필요가 있을 텐데요. 이때 첫 번째 다시 읽기는 큰 그림으로 내용을 통합하는 데 도움이 되도록 수면을 취한 후에 읽고, 두 번째 다시 읽기는 세부 사항을 신경 쓰면서 읽으면 도움이 됩니다.

'회상하기'를 연습하세요

능동적 읽기에 가장 좋은 한 가지 방법은 앞서 살펴본 회상하기(인출 연습이라고 하죠)를 활용하는 것이죠.[5] 회상하기란, 핵심 개념을 암기하는 데 도움이 될 뿐만 아니라 그 개념을 온전히 이해하는 데 도움이 됩니다. 다시 읽기와 회상하기를 비교한 연구에 따르면, 회상하기를 적용한 학생들이 (다시 읽기를 적용한 학생보다) 1주일 후 읽은 내용을 25% 더 기억해냈다고 합니다.[6] 또 다른 연구에서도 학습 내용을 한 번 살펴본 것보다 회상 연습을 반복할 때 기억이 무려 400%나 개선된 것으로 나타났습니다.[7]

앞에서 회상하기를 간략히 언급했었는데요. 구체적인 방법을 다시 한번 설명해 드릴게요. 한 바닥 정도를 정독한 다음, 주요 내용을 머릿속에 정리해 보세요. 그러고 나서 글을 보지 않고 주요 내용을 말해 보거나 종이에 적어 보세요. 이게 잘 안 되면 글을 다시 읽고 시도해 보세요. 하루 정도 지난 후에 회상하기를 시도해 보면 더 좋습니다. 그러면 읽은 내용이 장기 기억에 들어갔는지 확인할 수 있으니까요(읽은 내용의 난이도에 따라 조절하세요. 내용이 많고 어렵다면 다음 날 회상하기를 해보기 전에 글을 다시 읽어보는 것도 괜찮습니다). 자신이 필기한 노트로 회상하기를 연습해도 됩니다. 노트를 보지 않고, 어떤 내용을 적었는지 '회상'해 보는 것이죠. 시험 직전에 볼 요약본을 만들어 보는 것도 좋은 방법입니다.

읽은 내용에 대해
능동적으로 생각해 보세요

✚ ✖ ✚

글을 읽고 깊이 있게 이해하려면 내용에 대해 능동적으로 생각해 보고, 이미 아는 지식과 연결해 보려고 노력하는 것이 가장 좋습니다. 물론 여러 가지 방법이 있지요. **가끔 멈추어서 읽은 내용을 자기 말로 요약해 보는 것, 3장에서 살펴본 정교화 방법을**

적용하는 것, 다른 사람과 읽은 내용에 대해 토의하는 것 등을 꼽을 수 있겠네요.** 읽은 내용에 대한 문제를 풀어 보는 것도 좋습니다. 기술에 대한 글을 읽었다면 읽은 내용을 실습해보는 방법도 있지요. 이렇게 읽은 내용에 대해 능동적으로 생각해 보면, 내용을 깊이 이해하게 되고 세부 사항도 잘 기억하게 됩니다. 기억과 이해는 서로 연결되어 있으니까요.[8]

주석을 달아 보세요. 탁월한 효과가 있어요

읽은 내용 옆에 자기 생각이나 질문을 간단히 적어 보세요. 이를 '주석 달기'라고 합니다. 주석을 달면서 읽는 것은 능동적 읽기에 속하며, 나중에 내용을 복습하거나 필요한 부분을 찾을 때 매우 유용합니다.[9] 디지털 기기를 사용해서 읽을 때는 주석 달기 도구를 사용할 수 있습니다. 종이에 인쇄된 자료를 읽을 때는 가장자리 여백을 활용하거나, 포스트잇이나 별도의 노트를 사용하면 됩니다. 다음에 해당하는 것을 적으면 자신만의 주석이 됩니다.

- 주요 개념 – 자기 말로 최대한 짧게 정리
- 여러 개념의 상호 관련성
- 자기가 생각해낸 예시나 참조 자료
- 이해가 안 되는 부분이나 다시 확인해야 할 부분
- 주요 문단의 요점 정리
- 시험 예상 문제

이때 가장 중요한 것은 본인의 말로 필기를 하는 것입니다. 지문을 그대로 베껴 쓰는 것이 아니라 자신의 표현으로 바꾸어 설명할 정도가 되려면 내용을 깊이 이해해야 하니까요.

전체적인 개념에 만족하지 말고 세부 사항도 필기에 포함해 보세요. 주어진 내용을 철저히 이해하려면 전체 개념과 세부 사항을 모두 알아야 합니다. "잎의 다양한 모양을 구별함"과 같이 모호하게 요약하지 말고, 다음과 같이 정리해 보세요.

잎의 가장자리 모양 5가지

- 전연 = 톱니가 없고 미끈함
- 파상 = 물결이나 파도 모양

…

이런 식으로 주석을 달면서 모두 읽은 후, **전체 내용을 3~5문장으로 요약**해 보세요. 주요 개념을 명확히 기술하기가 어려우면 달아놓은 주석을 참고하여 요약해 보세요. 그래도 요약 내용이 부족하다고 느껴지면 막혔던 부분을 다시 읽고 보완하면 됩니다.

내용이 어렵거나 읽어야 할 분량이 너무 많을 때

올라브는 '니나'라는 학생에게 학습 코칭을 해 준 적이 있습니다. 심리학을 전공하던 니나는 읽을 내용이 너무 많아서 힘들어했습니다. 그래서 두 사람은 강의 교재와 읽어야 할 자료를 한데 모았습니다. 계산해 보니 그 내용을 다 읽으려면 3개월 정도 걸릴 것 같았습니다. 니나가 절망한 것도 이해할 만한 상황이었습니다. 일단 올라브는 '꼭 읽어야 하는 것'과 '읽기 쉬운 것'으로 자료를 구분했습니다. 그렇게 하자 어느 부분을 먼저 공부해야 할지 알 수 있었죠. 이렇게 구분하는 것만으로도 심적 부담이 크게 줄어듭니다.

학부 또는 대학원 공부를 해야 하는데, 읽어야 할 내용이 너무 많다고 생각되나요? 여러분도 니나처럼 해 보세요. 강사를 찾아가거나 전년도에 그 강의를 들었던 선배를 만나서 꼭 읽어야 할 내용, 읽으면 도움이 되는 내용, 보충 자료를 구분하게 도와 달라고 하세요. 대학 교재의 경우, 강의에서 다루지 않는 부분도 있을 겁니다. 그러므로 강의에 관련된 부분을 정확히 파악해서 그 부분만 공략하면 시간을 절약할 수 있지요. 그렇게 시험 범위를 추린 후에도 읽어야 할 내용이 너무 많다면 어떻게 해야 할까요? 그럴 때는 친구들과 내용을 나누어 읽고 각자 요약본을 만들어서 돌려보는 방법을 활용해 보세요.

업무상 필요한 기술을 익히려고 관련 자료를 읽을 때가 있나요? 그런 때에도 방법은 같습니다. 중요한 부분을 찾아내고, 요점을 정리하세요. 세부 사항 하나까지 전부 이해하려고 애쓸 필요는 없습니다. 조급하게 생각하지 말고 차근차근 읽어나가는 것으로 충분합니다. 글이 어려워서 이해가 되지 않으면, 같은 내용을 더 쉽게 설명한 자료가 있는지 찾아보세요. 친구나 강사에게 물어보거나 유튜브 영상을 검색해 볼 수도 있습니다. 혹은 분산 모드가 이 문제를 해결해 줄지 모르니 잠깐 머리를 식힌 후에 그 내용을 다시 읽어 보세요.

• • •

배움의 길이 끝나는 부분에는 시험이 나오기 마련입니다. 이어지는 10장에서는 시험을 잘 보는 비결을 알아보기로 합시다.

9장에서 기억할 점

- **빨리 읽는 것이 항상 효율적인 것은 아닙니다.** 자연스럽게 읽는 느낌이 사라질 정도로 빨리 읽으면, 많은 부분을 이해하지 못하고 놓칠 우려가 있습니다.
- **정독하기 전에 미리 훑어보기를 해 보세요.** 전체적인 흐름을 먼저 파악하면 세부 사항을 이해하고 기억하는 것이 한결 쉬워질 겁니다.
- **읽은 내용을 수동적으로 다시 읽는 것은 전혀 도움이 되지 않습니다.**
- **능동적으로 회상하기를 활용해 보세요.** 일정 부분을 읽은 후에 잠깐 시간을 내어 요점을 기억할 수 있는지 확인해 보세요. 그렇게 하면 요점을 오래 기억할 수 있고 전반적인 내용 이해도 역시 높아질 겁니다.
- **읽은 내용을 여러 가지 방법으로 다시 생각해 보세요. 능동적으로 읽으면 내용을 더 깊게 이해할 수 있습니다.** 잠깐 멈추어 읽은 내용에 대한 질문을 만들고 스스로 답을 해 보거나, 자기 말로 요약해 보거나, 다른 사람과 토의해 보면 도움이 됩니다.

LIFELONG LEARNER

PART 10

+ × +

시험을
잘 치는
방법

LIFELONG LEARNER

바버라가 전기 공학을 전공할 때 '회로' 과목은 어렵기로 유명했습니다. 그래서 바버라는 시험을 앞두고 연습문제란 연습문제는 전부 풀어보는 등 할 수 있는 준비를 다했습니다. 바버라보다 더 완벽하게 시험 준비를 하는 것은 불가능하다고 할 정도였습니다. 시험 직전에는 과에서 1~2등을 다투는 친구들이 바버라에게 와서 어려운 개념을 설명해 달라고 할 정도였습니다.

그런데 바버라는 시험에 나온 10문제를 모두 틀려서 그 과목에 낙제하고 말았습니다. 반면 과 친구들은 좋은 성적을 받았습니다. 바버라는 '내가 머리가 나쁜 거겠지'라고 생각했습니다. 하지만 그건 잘못된 생각이었습니다. 안타깝게도 바버라는 시험 치는 요령을 잘 몰랐던 것뿐이었죠.

시험 치는 요령과
시험 정보는 생각보다 중요해요

+ × +

　흔히 사람들은 내용만 잘 학습하면 시험에서 높은 점수를 받을 것으로 생각하지요. 하지만 내용을 다 안다고 해서 높은 점수가 보장되지는 않아요. 점수를 잘 받으려면 시험 치는 요령을 알아야 합니다. 즉 시험 유형을 파악하고 효율적인 시험 전략을 적용할 줄 알아야 합니다. 바버라는 회로 시험을 망친 후에야 이 점을 깨닫게 되었습니다. 알고 보니 해당 과목의 교수는 그 시험에서 한 가지 가정[10]을 기반으로 문제를 푸는 것을 기대하고 있었죠. 그런데 정작 수업 시간에 교수는 그 가정에 대해 언급한 적이 없었고, 교과서의 시험 범위나 시험 지시문에도 그 점은 언급되지 않았습니다. 하지만 교수가 원하는 대로 가정을 먼저 세우지 않으면 단 한 문제도 제대로 풀 수 없게 되어 있었습니다.

---

[10] 전기회로에서 다이오드를 거치며 0.7V 강하가 일어난다는 가정

> **대면 수업이라면 질문을 활용하세요**
>
> 교수에게 질문하는 학생은 정보를 많이 얻게 되지만, 질문을 전혀 하지 않는 학생은 그런 정보를 놓치게 됩니다. 하지만 "이번 시험에는 무슨 문제를 내실 건가요?"라고 묻는 것은 좋지 않아요. 대다수의 교수는 그런 질문을 매우 불쾌하게 생각하니까요. 그보다는 시험 범위의 내용을 미리 공부한 다음에, 내용에 대해 질문하는 것이 좋습니다. 이를테면 "교수님, 교수님께서 강의에 사용하신 파워포인트 자료와 제가 필기한 내용을 복습해보니, 이번 시험에서는 이 부분이 중요한 것 같고, 이런 유형의 문제가 출제될 거라는 생각이 들었어요. …… 제가 학습 방향을 제대로 잡은 걸까요? 교수님이 보시기에는 어떤가요?"라고 질문할 수 있지요.

그렇다면 과 친구들은 어떻게 시험을 잘 봤을까요? 알고 보니 해당 교수의 전년도 문제를 확보해서 시험공부를 했던 것이었습니다. 그래서 그 가정을 기반으로 풀어야 한다는 것도, 어느 범위에서 문제가 나온다는 것도 다 알고 있었던 겁니다. 그 후로 바빠지는 사회생활을 하면서도 틈틈이 시험 관련 정보를 얻기 위해 동기생들과 밀접하게 교류하기 시작했습니다.

여러분도 시험공부를 시작하기 전에, 시험이 어떻게 나올지 알아보세요. (오해는 하지 마세요. 시험 문제를 빼내라는 말은 절대 아닙니다!) 우선 출제 유형을 파악해야 합니다. 평가 방식과 배점, 출제 의도 및 출제자가 학생들에게 기대하는 것을 알아봐야 하죠. 시험을 준비하는 방법은 다양합니다. 시험 자료를 복습하고 확실히 이해되지 않는 부분을 다시 정리해보고 친구들과 시험 자료를 함께 검토해 보세요. 하지만 해당 시험을 출제할 교수나 강사의 기출문제를 구할 수 있다면, 그 문제를 직접 풀어보는 것이 가장 좋은 방법입니다.

기출문제는 꼭 풀어보세요

시험은 학습 과정에서 매우 중요한 단계입니다. 1시간 동안 시험을 치면, 1시간 동안 공부하는 것보다 더 많은 양을 배울 수 있다고 합니다.[1] 그리고 연습 시험, 즉 모의시험도 아주 유용한 학습 과정입니다. **시험 직전에 예상 문제를 많이 풀어보는 것이야말로 시험 준비에 가장 효과적이라는 연구 결과도 있습니다.**[2] 한 마디로 기출문제를 풀어보는 것이 가장 좋은 방법인 것이죠. 기출문제가 아니라 다른 출처에서 예상 문제를 구해서 풀어보는 것도 어느 정도 도움이 될 겁니다. 하지만 기출문제가 아니라면 해당 시험에 출제되는 문제 유형과는 거리가 있을 수도 있습니다.

　기출문제를 풀 때도 유의할 점이 있습니다. 기출문제의 정답만 확인하는 것은 전혀 도움이 되지 않습니다. 그런 식으로 공부하면 작업 기억에만 정보가 머무르기 때문에 금방 잊어버리게 되죠. **기출문제가 쉬워 보여도 반드시 직접 풀어보세요. 그래야 '학습천재' 수준에 이르게 됩니다.**

　그런데 기출문제를 어디에서 구해야 할까요? 능력 인증 시험이나 전문적인 분야에 대한 시험이라면 서점이나 인터넷에서 기출문제를 손쉽게 구할 수 있습니다. 대학교 전공 수업이나 온라인 강의 수업을 듣는 학생이라면 강좌명과 학과명, 시험 범위에 포함되는 주요 개념을 검색하거나 연습문제, 쪽지 시험, 예제 문항, 기출문제 등의 키워드를 검색해 보세요. 예상과 달리 굉장히 많은 자료를 찾을 수 있을 겁니다. 코스 히어로 Course Hero 처럼 학습 자료를 전문적으로 제공하는 사이트도 있습니다. 단, 기출문제에 접근하거나 활용할 때 관련된 교칙을 어기는 일이 없도록 조심하세요.

　기출문제를 구하지 못했나요? 그러면 직접 시험 예상 문제를 만들어 보세요. 구체적인 학습 목표에 따라 공부하고 있다면, 학습 목표를 문제 형식으로 바꾸면 됩니다. 이 방법은 심리학이나 역사처럼 범위가 방대한 과목에 특히 효과적입니다.

이렇게 기출문제를 풀거나 모의시험을 보는 것이 중요한 이유가 또 하나 있습니다. 모의시험을 보면 몇 가지 다른 방식과 마찬가지로 장기 기억에 있는 신경 사슬이 강화됩니다. 이미 강조한 것처럼, 수행형 시스템과 설명형 시스템 양쪽 모두에 신경 사슬이 있어야만 폭넓게 더 많이 이해할 수 있기 때문이죠. 그뿐만 아니라 이렇게 모의시험을 치면, 나중에 실제로 시험을 칠 때 더 빠르고 직관적으로 반응하게 됩니다.

시간 계획을 세우세요

✦ ✕ ✦

옥스퍼드 대학원 첫 학기 시험시간표를 보자마자 올라브는 모든 시험에서 낙제할 것 같다는 생각이 들었습니다. 노르웨이에서 학사 과정을 할 때는 강의가 끝나고 1~2개월 후에 기말고사를 쳤기 때문에 시험공부를 할 시간이 충분했는데, 대학원의 시험시간표를 보니 다섯 과목 시험을 준비해야 하는데 공부할 시간이 1주일도 되지 않았습니다. 올라브가 얼마나 난감했을지 상상이 되나요?

올라브에게 유일한 위안은 다른 학생들도 공부할 시간이 부족하다는 점이었습니다(시험공부를 할 시간이 거의 없었기 때문에 학교 측에서 300여 명의 학생을 모두 낙제시킬 수는 없을 거라고 생각하니 마음이 한결 편해졌습니다). 일단 놀란 마음을 가라앉힌 후에 주어진 시간을 최대한 활용하기 위해 계획표를 만들기 시작했습니다.

계획표를 세운다고 해서 시간이 늘어나는 것은 아닙니다. 하지만 시간을 효율적으로 사용할 수 있게 됩니다. 어떻게 해야 좋을지 걱정하던 마음을 달래주므로 스트레스를 줄이는 효과도 있지요. 계획표대로 따라가면 되니까요.

시험 과목이 여러 개라면 각 시험에 대비할 시간부터 계산해 보고 남은 일수를 계산하여 과목별로 시간을 안배해야 합니다. 그리고 달력에는 각 요일에 무슨 과목을 공부할지 표시하세요. 하루에 적어도 2과목 이상 공부하되, 같은 과목은 시간 간격을 두고 반복 학습을 하도록 계획을 세워야 합니다. 시험 직전의 2일은 예외로 합니다. 그때가 되면 시험 과목을 집중적으로 공부하는 것이 가장 유리합니다.

몇 시간 정도 공부해야 하는지, 언제 공부해야 하는지 파악했다면, 이제는 시간 배분을 어떻게 할지 잘 생각해봐야 합니다. 어떤 과목을 집중적으로 공략할 건가요? 기출문제 풀기, 필기한 내용으로 복습하기, 교과서 읽어보기, 그룹 스터디하기에 시간을 얼마나 할애할 생각인가요? 학습 계획을 간단히 만들어 보세요. 원한다면 과목별로 구체적인 학습 계획을 세워도 됩니다.

시험공부 계획표

구분	월	화	수	목	금	토	일
1주	역사 수학	역사 스페인어	수학 스페인어	수학 역사	스페인어 역사	쉬는 날	쉬는 날
2주	스페인어 수학	역사 수학	역사 스페인어	수학 스페인어	수학 스페인어	수학 스페인어	쉬는 날
3주	수학 수학	수학 수학	수학 시험	스페인어 스페인어	스페인어 시험	역사 역사	역사 역사
4주	역사 시험						

스페인어 세부 계획표

화	기출문제 풀이(4시간) 그룹 스터디(2시간)
수	1~2장 공부(3시간) 내용 정리(2시간)
금	3~4장 공부(3시간) 내용 정리(2시간)

월	5~6장 공부(3시간) 내용 정리(2시간)
수	그룹 스터디(2시간) 기출문제 풀이(3시간)
목	기출문제 풀이(4시간) 내용정리 복습(1시간)
금	기출문제 풀이(4시간) 내용정리 복습(1시간)
토	기출문제 풀이(4시간) 내용정리 복습(1시간)
목	기출문제 풀이(7시간) 내용정리 복습(3시간)
금	시험

 이렇게 계획을 세우는 것은 시험공부에만 적용되는 게 아니에요. 직장에 다니면서 MBA 학위 과정을 병행할 때도 이런 계획이 필요할 겁니다. 직장과 공부를 병행하는 경우에는 가족 행사에 빠지거나 자는 시간을 줄여가면서 공부해야 하겠죠. 다른 방도가 없다면 주어진 상황에서 최선을 다할 수밖에 없는데요. 이럴 때 완벽하진 않더라도 주의 깊게 시간 계획을 세우는 것 자체가 매우 큰 의미가 있습니다.

 계획을 세울 때 사람들은 흔히 필요 이상으로 낙관적으로 생각하는 경향이 있습니다. 계획을 실행하면서 필요하다면 언제든 수정해야 합니다. 실제로 공부를 해보면 계획보다 시간이 더 필요할 수도 있으니까요. 사실 계획은 완성할 때에만 비로소 가치를 발휘하는 것이 아니에요. 계획을 세우려고 여러 가지 요소를 고려하는 과정도 가치가 있습니다.

수면 시간은 가능한 줄이지 마세요. 특히 시험이 임박할수록 수면 시간만큼은 보장해야 합니다. 시험 전날에는 걱정이나 긴장 때문에 잠이 잘 오지 않을 겁니다. 그래도 평소에 잠을 잘 자두었다면 시험 당일에 좋은 컨디션을 유지하게 될 겁니다.

전체 지시문과 각 문항을 주의 깊게 읽으세요

✢ ✕ ✢

올라브의 경험을 또 하나 살펴 볼까요? 한 번은 취업 인터뷰 기회를 얻기 위해서 컴퓨터로 객관식 시험을 보게 되었지요. 지문 1개를 읽고 관련된 수치와 도표를 본 후 30개 문항에 답하는 시험이었습니다. 올라브는 지시문을 대충 읽고 '시작' 버튼을 클릭했습니다. 처음에는 문제가 순조롭게 풀리는 것 같았지만 뒤로 갈수록 시간이 부족했어요. 올라브는 빈 답지를 내는 것보다 답을 찍는 것이 낫겠다고 생각해서 남은 문제는 무작위로 답을 선택했습니다. 시험이 끝난 후에 지시문을 다시 읽어보니, 원래 그 시험은 응시자가 모든 질문에 답할 수 없도록 설계된 것이라는 점을 알게 되었죠. 게다가 무작위로 답을 찍으면 감점 대상이 된다는 경고 문구도 있었습니다.

사실 오답을 선택하면 무응답보다 더 크게 감점되는 시험은 굉장히 드물죠. 공교롭게도 올라브가 그런 시험을 치른 것이었어요. 예상하겠지만 올라브는 시험에 통과하지 못했습니다. 실력이 부족해서가 아니라 지시문을 주의 깊게 읽지 않았기 때문이었다는 점을 잊지 마세요.

일상생활에서 간단한 안내 문구조차 제대로 읽지 않아서 해야 할 일을 착각하는 경우가 흔히 일어납니다. 하지만 시험에서는 이런 실수가 치명적인 결과를 낳을 수 있습니다. 그러니 **시험의 지시문은 꼼꼼하게 읽어야겠죠.** 서술형 문제가 5문항 출제되었다면, 이를 다 풀어야 하는지 아니면 그중 하나만 선택해서 풀어야 하는지 확인해야 합니다. 각 질문은 세 번씩 확인하세요. 답안을 작성하기 전에 질문을 읽은 것으로 만족하지 말고, 답안을 작성하는 과정에서 한 번 더 질문을 확인하고, 마지막으로 답안을 완성한 후에도 질문을 한 번 더 읽으면서 지시한 대로 답안을 작성했는지 점검하세요. 그래야 동문서답하는 실수를 피할 수 있습니다. 머릿속에 관련된 지식이 활성화된 후에 질문을 다시 읽어보면 질문이 요구하는 사항이 더 명확히 이해될 때가 있습니다. 심지어 자신이 질문을 잘못 이해했다는 것을 뒤늦게 깨닫는 경우도 있죠. 이런 오류는 일단 문제를 풀기 시작한 후에야 눈에 들어옵니다.

시간을 계속 확인하세요

올라브는 시험 시간에 늘 쫓기는 학생이었습니다. 답안을 작성할 시간이 부족해서 중요한 문제를 몇 개씩이나 빈칸으로 제출하곤 했지요. 한번은 5문항이 출제된 수학 시험에서 마지막 문제에 답을 쓰지 못했습니다. 4문제를 잘 풀었다는 점은 별로 중요하지 않았어요. 시험 문항의 20%에 해당하는 부분에 무응답으로 제출했고, 그에 대한 감점이 총점에 큰 타격을 주었습니다.

시험 시간에 쫓기지 않으려면 머릿속에 시간 계획표를 만들어 놓으세요. 시험 시간 중에 시계를 여러 번 보면서 계획대로 진행되고 있는지 계속 확인하세요. 한 가지 방법은 시험 시간을 총 문항 수로 나눠 보는 겁니다. 물론 더 중요한 문제에는 시간을 좀 더 할애하는 식으로 조정해도 됩니다. 각 문항을 대략 몇 분 내에 풀어야 할지 계산해 보면 시험 시간을 잘 관리할 수 있습니다.

시험 시간은 60분이며 총 10문항이 출제된다고 가정해 봅시다. 1문제당 주어진 시간은 6분입니다. 시험 시간이 절반 정도 지날 즈음에는 최소한 대여섯 문제

> **시간 조절이 관건이다**
>
> 모의시험을 치를 때 타이머로 시간을 설정해서 실제 시험과 똑같이 연습해 보세요. 이렇게 해야 실제 시험을 칠 때 시간을 잘 안배할 수 있습니다. 또한 모의시험을 통해서 시간이 오래 걸리거나 난이도가 높은 유형의 문제를 파악할 수 있습니다. 예행연습이라고 생각하고 반드시 모의시험을 쳐 보세요.

를 풀어야 합니다. 30분간 두 문제밖에 못 풀었다면 심각한 상황이죠.

문제를 풀다가 중도에 멈추고 다음 문제로 넘어가는 훈련이 되지 않은 학생에게는 특정 문항에 시간을 너무 많이 뺏겨서 다른 문제를 풀 시간이 부족해지는 문제가 생길 수 있습니다. 물론 오랜 시간을 공들여서 완벽한 답안을 작성할 수도 있겠지만 그러다 다른 문제를 제대로 풀지 못하거나 아예 답을 써내지 못할 수도 있습니다.

하드 스타트 방법을 기억하세요. 가장 어려워 보이는 문제부터 먼저 풀어야 합니다. 물론 단번에 풀리지 않을 거예요. 몇 분간 씨름해 보다가 막히는 부분이 나오면 거기서 멈추고 쉬운 문제로 넘어가세요. 그러면 쉬운 문제를 푸는 동안 머릿속에서는 분산 모드가 작동하여 어려운 문제를 계속 처리해 줄 겁니다.

'이렇게 어려운 문제를 풀다가 다른 문제로 이동하는 하드 스타트 방법을 활용할 수 있다면, 시험 시간도 잘 관리할 수 있습니다. 어려운 문제와 씨름하느라 다른 문제를 놓치는 일이 없도록 하세요!'

답안을 점검하세요

시험이 끝나기 전에 시간 여유가 있으면 자신이 쓴 답을 점검해 보세요. 분산 모드가 작동한 결과로, 뒤늦게 새로운 점이 생각날 수도 있습니다. 그 때문에 답안을 바꿔야 할 상황이 생길 수도 있지요. 흥미로운 연구 결과가 있는데요, 최종 점검을 할 때 바꾼 답은 대부분 오답을 정답으로 고친 것이라고 합니다.[3] 최종 점검을 하면 모호한 표현을 찾아서 고칠 기회도 얻게 됩니다. 본인이 자주 저지르는 실수를 미리 확인해 두면, 답안을 최종 점검할 때 그런 부분을 위주로 실수했는지 검토할 수 있습니다.

이렇게 최종 점검을 할 때 어려운 문제를 포기하지 마세요. 틀린 답을 쓰거나 미완성 답안을 제출할 때 감점되는 경우가 아니라면 문제에 관해 아는 것은 생각나는 대로 다 적어 보세요. 예를 들면 문제에서 요구하는 풀이 절차나 그 문제에 적용해야 하는 공식을 적어낼 수 있습니다. 그러면 부분 점수를 받을 확률이 있으니까요. 어떤 학생들은 자신이 기본 정의나 단순한 상식 수준의 사실 외에는 모른다고 생각해서 답안 작성을 포기해 버립니다. 그렇지만 그 정도의 답만 써내면 정답으로 인정해주는 때도 많습니다.

시험 불안을 극복하려면

+ × +

중요한 시험을 앞두고 두렵고 불안한 것은 정상적인 반응입니다. 약간의 불안은 오히려 시험에서 실력을 발휘하는 데 도움이 됩니다.[4] 그러니 시험 때문에 스트레스를 받는다고 생각하지 말고, "스트레스가 있어서 오히려 최선을 다할 수 있는 상태가 되는 거야"라고 뒤집어서 생각해 보세요.

하지만 두려움과 불안이 지나치게 높으면 어떻게 해야 할까요? 이 책에서 알려드린 학습법들을 활용해서 설명형 기억과 수행형 기억 모두에 강력한 신경 사슬을 만드는 것이야말로 불안을 낮추고 시험을 잘 볼 수 있는 최선의 방법입니다.[5] 스트레스가 가장 높아지는 시험 직전에는 (A학점을 받겠다는) 최종 목표가 아니라 (3시간 공부하기 계획을 실천하는) 과정 목표에 집중하는 것이 도움이 되죠. '과정'에 집중하면 스트레스를 낮출 수 있습니다. 어쨌든 과정을 따라가다 보면 최종 목표를 이루게 될 테니까요.

시험지가 배부되는 순간이나 온라인 시험에서 '시작' 버튼을 누르는 순간에는 긴장감이 최대치까지 올라가는 것을 느끼게 됩니다. 스트레스를 받으면 얕은 숨을 쉬게 되어 공기가 흉부 깊숙이 들어가지 않습니다. 그러면 체내에 산소가 부족해지고 결국 온몸이 공황 상태에 빠질지도 모릅니다. 긴장감을 낮추려면 호흡을 잘해야 합니다. 공황 상태가 올 것 같은 불길한 느낌이 들면 일단 손을 복부에 올려놓고 숨을 최대한 깊이 들이마셔 보세요. 배 위에 올린 손이 오르락내리락하는 것이 보일 정도로 깊이 들이마시고 내뱉는 것을 반복하세요. 그러면 마음이 차분해지고 안정감이 생길 겁니다.

수강 과목을 직접 택할 수 있다면, 전략적으로 선택하세요

공학도였던 바버라는 수강 신청을 할 때 기말고사 일정을 우선으로 고려했습니다. 하루에 두 과목을 연달아서 시험을 치면 좋은 점수를 받기 어려우므로 그런 과목들은 일부러 수강하지 않았습니다. 그 결과 기말고사 기간에 각 과목을 공부할 시간이 충분했고 좋은 성적을 얻었습니다. 그리고 시험 시간을 1시간만 주는 과목보다는 3시간에 걸쳐 시험을 치는 과목을 선택했습니다. 시험 시간이 길수록 각 문제에 할당할 수 있는 시간이 많아지므로 시험 중에 느끼는 압박감이 낮아지는 데다 분산 모드로 생각할 수 있는 시간도 생기니까요. 여러분도 수강 신청을 할 때 이런 전략을 한번 사용해 보세요. 그러면 성적을 올리는 데 도움이 될 겁니다. 어떤 학생은 한 번의 기말고사로 모든 성적이 결정되는 것보다 간단한 과제를 여러 개 제출해서 점수를 받는 과목이 유리하다고 생각할지 모릅니다. 시험보다 과제 수행을 잘할 자신이 있다면 이 방법을 적용해 보기 바랍니다.

'야행성' 학생은 오전 시간에 비몽사몽일 확률이 높습니다. 그렇다면 오후나 저녁 시간에 수업을 듣거나 시험을 치는 것이 유리하겠죠. 어떤 학생은 온라인 강의를 들을 때 성적이 제일 잘 나온다고 합니다. 이해가 잘 안 되는 부분이 있으면 강의를 돌려서 다시 들을 수 있으니까요. 과목마다 이런 특성이나 조건을 잘 생각해 보고 자신에게 가장 유리한 조건을 파악해 보세요. 그리고 불리한 조건이나 자신과 잘 맞지 않았던 상황도 기억해 두기 바랍니다.

강사가 우수하고 강의 내용이 유익하면 자연스레 그 과목을 열심히 공부하게 됩니다. 그런 강의를 찾으려면 다른 친구들에게 '인기' 강좌가 무엇인지 물어보거나 클래스 센트럴 Class Central, 레이트마이프로페서 Rate My Professors 와 같은 웹사이트를 참조할 수도 있습니다. 한편 어떤 학생들은 자기 점수가 기대에 못 미친다는 이유로 부당하게 혹평을 남길 수 있으니, 이런 부분은 잘 분별해야 합니다.

・・・

마지막으로 한 가지 더 당부할 점이 있습니다. 성적도 중요하지만 지금까지 무엇을 배웠으며 앞으로 무엇을 배울지도 중요한 문제입니다. 교육의 진정한 의미는 평생에 걸쳐 효율적으로 학습할 줄 아는 사람을 배출하는 것이죠. 그래서 이어지는 마지막 장에서 이 책에서 배운 학습법을 최대한 활용하는 방법과 학습 효과를 높이는 방법을 다룰 것입니다.

10장에서 기억할 점

시험을 준비할 때

- **시험 정보를 수집하고 출제 유형을 파악합니다.**
  - 시험 범위의 내용을 복습하세요.
  - 애매한 부분을 확실히 이해하고 넘어가야 합니다.
  - 다른 학생과 시험 범위의 내용을 토론해 보세요.
- **기출문제를 되도록 많이 풀어보는 것이 좋습니다.** 답만 확인하는 것은 도움이 되지 않아요. 그렇게 하면 해당 정보가 작업 기억에만 입력되었다가 금방 잊히고 말 겁니다.
- **시험 대비 계획을 세워 보세요.** 시간을 어떻게 활용할지, 시험공부를 할 때 어떤 점에 주력할지 구체적으로 계획을 세워야 합니다.
- **수강 과목을 전략적으로 선택하세요.** 그러나 교육의 궁극적인 목적은 효율적인 평생 학습자가 되는 것임을 잊지 마세요.

시험을 칠 때

- **전체 지시문과 각 문항을 정독하세요.** 답을 일부 적고 나서 문제를 한 번 더 읽어보면, 문제에서 요구하는 것을 확실하게 파악할 수 있습니다.

- **시간이 얼마나 남았는지 자주 확인하세요.** 문항마다 적당히 시간을 안배하고, 시간 계획대로 시험 문제를 풀고 있는지 확인하세요.

- **시간이 남으면 자신이 작성한 답안을 다시 점검하세요.** (문제를 풀지 않고 단순히 답을 찍으면 감점 처리하는 경우는 예외겠지만) 모든 질문에 답을 선택하거나 써넣는 것이 유리합니다. 답안의 내용이 명확한지, 요점이 다 들어가 있는지 확인하세요.

- **하드 스타트 방법을 적용하세요.** 가장 어려운 문제부터 풀어야 합니다. 문제를 풀다가 막히면, 그 문제를 중단하고 다른 문제로 넘어갔다가 다시 풀어보세요. 그렇게 하면 분산 모드가 작동할 시간을 벌 수 있습니다.

- **시험 직전과 실제로 시험을 치는 동안 약간의 스트레스를 느끼는 것은 좋은 성과를 얻는 데 도움이 됩니다.** 단 시험

직전에는 천천히 심호흡해서 긴장도를 낮춰보세요. 폐 깊숙이 공기를 마시려고 노력해 보세요. 그러면 자율신경계가 안정되는 것을 느끼게 될 겁니다.

LIFELONG LEARNER

PART 11

+ × +

메타인지를
활용하여
학습 효과를
높이는 방법

LIFELONG LEARNER

심사위원들이 "노래 실력이 별로네요"라며 혹평을 쏟아내자, 도전자는 믿기지 않는다는 듯 입을 벌리고 멍하니 바라봅니다. 이내 화를 감추지 못한 채 마이크를 내팽개치며 무대를 박차고 나갑니다.

'더엑스팩터 The X Factor', '아메리카갓탤런트 America's Got Talent'와 같은 오디션 프로그램에서 이런 장면을 흔히 볼 수 있습니다. 여기서 한 가지 중요한 질문이 생깁니다. 사람들은 왜 객관적으로 자신을 바라보지 못하고 자신에게 재능이 있다고 착각할까요?

잠시 이야기를 멈추고, 지금까지 이 책에서 살펴본 내용을 떠올려 봅시다. 다음과 같이 우리는 여러분께 과학적 연구결과와 경험으로 얻은 최고의 학습 도구들만을 엄선하여 소개했습니다.

- 미루는 습관을 극복하기 위해 포모도로 기법 사용하기, 주변 환경에서 집중에 방해가 되는 것을 모두 없애버리기.

- 막히는 순간이 왔을 때 잠깐 쉬기, 시험 칠 때 하드 스타트 방법 적용하기.

- 능동적으로 학습하기 – 설명형 시스템과 수행형 시스템의 뉴런 사슬을 강화하기 위해 인출 연습하기, 모의시험 쳐 보기, 정교화하기, 교차 학습하기. 간격을 두고 복습하기.

- 내용을 암기하고 내면화하기 위해 첫 글자 활용하기, 문장 활용하기, 생생한 이미지 활용하기, 기억의 궁전 활용하기, 내면화하기.

- 자제력을 발휘하기 위해 방해 요소에 대해 언제, 어디서, 어떻게 대처할지 미리 정해 두기.

- 학습 동기를 높이기 위해 공부에서 얻을 수 있는 이점을

생각해 보기, 완전히 숙달하기, 목표 세우기.
- 독서를 효과적으로 하기 위해 미리 훑어보기, 능동적으로 회상하기, 주석 달기.
- 시험을 잘 보기 위해 기출문제 분석하고 풀어보기, 문제를 풀 때 시간 재어 보기.

지금까지 살펴본 것은 제대로 적용하기만 하면 정말 강력한 도구들입니다. 여러분의 학습 능력을 한층 높여줄 겁니다. 그럼 어떻게 해야 적절한 도구를 적절한 때에 사용할 수 있을까요? 공부가 아닌 다른 분야에는 이 도구들을 어떻게 적용해야 할까요? 어떻게 해야 학습천재가 될 수 있을까요? 이런 질문에 답을 찾기에 앞서, 메타인지라는 개념부터 살펴봐야 합니다.

메타인지가 중요해요

메타인지는 두뇌 바깥에 있는 또 다른 두뇌라고 할 수 있죠. ('생각에 관한 생각'을 뜻하는) 메타인지는 뇌가 스스로를 분석하는 능력을 말합니다.

문제를 해결해야 할 때 잠깐 멈춰서 어떤 접근법이 가장 좋은지, 어떤 전략을 사용해야 하는지 고민할 때 메타인지가 작동합니다. 문제를 해결하는 과정에서도 (몇 번이고 멈추어) 지금의 방식을 계속 적용하는 것이 옳은지 판단하며, 일을 마무리하고 나서도 전체 과정을 돌아보면서 다른 접근법을 사용했어야 하는지 확인하는 역할도 합니다. 이렇게 메타인지는 필요한 도구들을 언제 사용해야 하는지 배울 수 있게 해주며 그 도구들을 이용하는 능력도 높일 수 있도록 해줍니다. 메타인지가 발달하지 않고서는 결코 학습천재가 될 수 없다는 얘기입니다.

앞에서 이야기한, 심사위원들의 혹평을 듣고 화가 나서 무대를 박차고 나간 참가자와 같은 사람은 재능만 부족한 것이 아니라 메타인지도 부족한 경우가 많습니다. 메타인지가 발달했다면 객관적인 피드백에 능동적으로 귀를 기울이고 자신을 냉정하게 평가하며 비판을 통해 배울 점을 찾았을 테니까요.

사람마다 메타인지가 다른데요. 관련 연구에 따르면 자신의 능력을 과대평가하는 사람일수록 메타인지가 낮다고 합니다.[1] 다행인 점은 누구나 연습하면 메타인지를 높일 수 있다는 사실입니다.

메타인지 질문을 자신에게 던져 보세요

메타인지를 높이는 손쉬운 방법은 다음과 같은 고차원의 질문을 자신에게 던져 보는 것입니다.

- 어려움에 봉착하면 어디에서 도움을 얻을 수 있지?
- 내 수준에 맞은 것에 집중하고 있는가? 아니면 정해 놓은 우선순위를 바꿔야 하나?
- 어떻게 하면 학습 효과를 높일 수 있지? 어떤 면에서 더 발전할 필요가 있지?
- 내가 무엇을 어려워하지? 그 이유는 뭐지?

메타인지 학습자가 되세요

╋ ╳ ╋

캐나다 심리학자인 필립 윈^{Phil Winne}과 앨리슨 해드윈^{Allyson Hadwin}이 개발한 아래의 4단계 자기조절 학습 모형을 실천하면 체계적으로 메타인지 학습을 할 수 있습니다.[2]

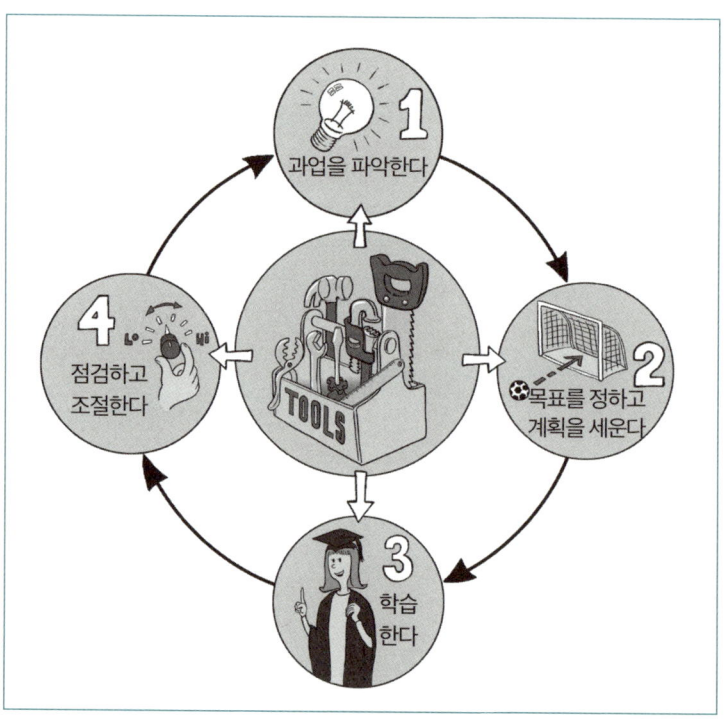

자기조절 학습자가 되려면 거쳐야 하는 4단계 모형

1단계: 과업을 파악한다

무엇을 학습해야 하는지, 어떤 식으로 학습 평가가 이루어지는지, 주어진 시간은 얼마나 되며 어떤 자료를 이용할 수 있는지 파악해 보세요. 회사에서 워크숍을 하든 온라인 강의를 듣든 교실에서 수업을 듣든 학습 목표를 기준으로 공부할 범위를 정할 수 있습니다. 수험생이라면 기출문제를 분석해 보세요. 그러면 앞으로 출제될 문항의 유형을 빠르게 파악할 수 있습니다. 그리고 선생님이나 친구에게 본인이 파악한 내용이 맞는지 확인해 보세요. 어디에서부터 손을 대야 할지 모르겠다면, 과업 파악을 제대로 못하고 있는 것입니다.

2단계: 목표를 정하고 계획을 세운다

먼저 최종 목표를 정하세요. 예를 들면 도달하고자 하는 수준을 정하는 겁니다. 그다음에 세분화해서 낮은 단계의 구체적인 목표를 여러 개 만듭니다. 이어서 구체적인 목표를 언제, 어디서, 어떤 방식으로 달성할지 계획하면 됩니다. 세분화한 목표를 달성하기 위해서는 적절한 학습 방법도 찾아야 합니다. 이탈리아어 어휘를 암기한다고 가정해 볼까요? 일단 어휘를 완벽하게 외우는 것을 목표로 정합니다. 다음으로 플래시 카드를 만든 다음, 매일 10분씩 5일간 인출 연습을 하되, 이 과정을 2주간 반복하기로 계획을 세웁니다. 광합성에 대해 공부할 경우, 다른 사람에게 설명할 수 있을 정도로 광합성이라는 개념을 완벽하게 이해하는 것을 목표로 정할 수 있습니다. 그리고 적어도 3가지 이상의 자료를 찾아본 후에 정교화하여 이 개념을 설명하는 연습 계획을 세우면 됩니다.

3단계: 학습한다

여러 가지 학습 도구들을 시도해 보면서 계획에 따라 학습하세요.

4단계: 점검하고 조절한다

학습하다가 중간에 잠깐 멈춰서 학습 진행 상황을 점검해 보세요. 학습이 잘 진행되고 있는지 아니면 막힌 상태인지, 현재의 학습 방법이 가장 적절한지 점검합니다. 필요하다면 학습 방법을 중간에 바꿔도 됩니다. 학습 속도가 느리거나 전혀 학습이 이루어지지 않을 때는 학습 방법을 반드시 바꿔야 합니다. 예를 들어 교과서나 학습 자료를 읽다가 내용이 너무 어렵다고 느껴지면 유튜브에서 관련 영상을 찾아보거나 온라인 강의를 먼저 들어보는 것이 효과적일 수 있습니다.

위의 단계 전체를 반복 시행하는 것이 좋습니다. 특히 어려운 과목을 공부할 때 여러 번 반복하면 완벽하게 학습할 수 있습니다. 전체 단계를 한 바퀴 돌 때마다 이해도가 높아지고 목표에 더 가까워지는 느낌이 들 겁니다. 그리고 계획이나 목표에서 수정할 부분도 찾아낼 수 있지요. 이렇게 자기조절을 통해 학습 과정을 주도하는 것이 몸에 배어야 합니다. 학생의 자기조절 능력이 향상되면 학습 성취도가 50~75%로 높아진다는 연구 결과도 있습니다.[3]

시험에 대한 메타인지 학습

╋ ✕ ╋

시험을 잘 치기 위해서는 (자기조절 학습의 4단계 해당하는) 아래와 같은 점검표를 사용하는 것이 좋습니다. 점검표를 따라가다 보면 과거에는 생각지 못했던 시험의 다른 면을 생각해볼 수 있게 되고 더 좋은 점수를 받으려면 어떻게 했어야 하는지 깨닫게 됩니다.

점검표-시험을 치기 전에

질문	네	아니오	다음번에 더 잘하려면 어떤 점을 바꿔야 할까요?
시험 범위와 학습 방식에 대해 미리 충분한 정보를 수집했습니까?			
시험공부에 필요한 시간을 충분히 확보했습니까?			
시험 범위의 모든 내용을 공부했습니까?			
시험공부를 위해 따로 떼어놓은 시간에 온전히 집중하여 효과적으로 공부했습니까?			

점검표-시험을 치는 중에

질문	네	아니오	다음번에 더 잘하려면 어떤 점을 바꿔야 할까요?
전체 지시문과 각 문항을 모두 이해했습니까?			
모든 문항에 답했습니까?			
피곤하거나 허기가 져서 집중이 잘되지 않았습니까?			
공황이나 극심한 불안 때문에 제대로 집중하지 못했습니까?			
문항의 난이도에 따라 각 문항에 시간 분배를 적절하게 했습니까?			
부주의한 실수를 했습니까?			
각 문항의 요점을 파악했습니까?			
각 문항의 세부 사항을 파악했습니까?			
답안을 명확하고 논리적으로 작성했습니까?			

끝맺는 말

두뇌는 우리 신체에서 가장 중요하고 복잡한 기관입니다. 두뇌를 온전히 활용하는 데 이 책이 도움이 되기를 바랍니다. 두뇌에 대해 많이 알수록 학습 의욕이 강해질 겁니다. 11장을 끝으로 이 책을 마무리할 텐데요, 마지막으로 메타인지에 관해 질문을 드리고 싶습니다.

이 책에서 가장 좋았던 점은 무엇인가요? 앞으로 학습 방법이나 계획을 어떻게 바꿀 생각입니까? 이 두 가지 질문에 대한 여러분의 생각을 간단히 적어 보세요.

_____

_____

_____

_____

_____

11장에서 기억할 점

- 효과적으로 공부하려면 적절한 시기에 적절한 학습 도구를 사용해야 합니다. 그리고 어떻게 하면 학습 효과를 더 높일 수 있는지 계속 생각해야 합니다.
- 위와 같이 하려면 두뇌 바깥에 있는 또 다른 두뇌, 즉 메타인지가 필요합니다. 이것은 잠깐 멈추어 한걸음 물러나서 고차원적인 질문을 할 수 있는 두뇌 기능입니다.
- 다음과 같은 메타인지 질문을 자신에게 던져 보세요.
  - 어려움에 봉착하면 어디에서 도움을 얻을 수 있지?
  - 내 수준에 맞는 것에 집중하고 있는가? 아니면 정해 놓은 우선순위를 바꿔야 하나?
- 아래의 4단계 자기조절 학습 모형을 반복하여 메타인지 학습을 하는 습관을 만드세요.

    1단계 과업을 파악한다

    2단계 목표를 정하고 계획을 세운다

    3단계 학습한다

    4단계 점검하고 조절한다

체크리스트
: 학습천재가 되는
비결

LIFELONG LEARNER

이 책의 내용을 요약하면 아래와 같습니다. (그렇지만 아래의 요약에 만족하지 말고 이 책을 정독하기 바랍니다. 그래야 확실한 효과를 거둘 수 있습니다.)

1. 미루는 습관을 없애고 집중력을 높이는 방법

- 포모도로 기법을 사용해 보세요. (주의 집중에 방해가 되는 것을 모두 치우고, 25분간 집중한 후에 잠시 쉬는 방법입니다.)
- 멀티태스킹은 되도록 하지 마세요. 가끔 머리를 식히려고 일부러 다른 데 관심을 쏟는 것은 괜찮습니다.
- 불가피한 상황이 발생하더라도 언제든지 다시 시작할 방법을 마련해 두세요.
- 주변 환경에서 주의 집중에 방해가 되는 것을 모두 치우세요.
- 짧은 휴식 시간을 자주 반복하세요.

2. 풀리지 않는 문제를 푸는 방법

- 문제가 풀리지 않으면 일단 다른 과제로 주의를 돌리거나

잠깐 쉬세요. 그러면 두뇌가 분산 모드로 전환될 겁니다.
- 다른 것으로 주의를 돌린 후에 어느 정도 시간이 지나면, 풀리지 않는 문제로 다시 돌아가세요.
- 숙제를 하거나 시험을 칠 때 하드 스타트 방법을 사용하세요.
- 리포트나 글을 쓸 때, 생각나는 대로 계속 써 내려가야 합니다. 중간에 수정하지 마세요. 글을 쓰는 시간과 수정하는 시간을 따로 정해 두세요.

3. 깊이 있게 학습하는 방법

- 능동적으로 공부하세요. '인출 연습'과 정교화 등 능동적인 회상하기 방법을 활용해 보세요.
- 교차 학습법을 적용해 보세요. 시간 간격을 두고 같은 내용을 반복 학습해 보세요. 그러면 직관이 발달하고 학습 속도도 빨라질 겁니다.
- 쉬운 것만 골라서 보지 말고, 어려운 내용에도 도전해 보세요.
- 잠을 충분히 자고 운동을 게을리하지 마세요.

4. 작업 기억을 최대화하고 필기를 잘하는 방법

☐ 학습할 내용을 여러 개의 작은 부분으로 나누고, 어려운 용어는 쉬운 표현으로 바꾸세요.

☐ 해야 할 일을 '목록'으로 만들면 작업 기억이 깔끔하게 정리됩니다.

☐ 필기를 꼼꼼하게 하고 당일에 한 번 더 복습하세요.

5. 효율적으로 암기하는 방법

☐ 첫 글자, 이미지, 기억의 궁전 등 다양한 암기법을 활용해서 빠르게 외워 보세요.

☐ 비유를 활용하면 새로운 개념을 비교적 빨리 파악할 수 있습니다.

6. 직관력을 키우고 생각의 속도를 높이는 방법

☐ (아무 생각 없이 무작정 외우지 말고) 과학이나 수학 문제의 풀이 과정을 내면화하세요.

☐ 적절한 몸동작을 사용하면 외국어 어휘를 암기하고 이해하는 데 도움이 됩니다.

7. 자제력이 없을 때 자제력을 발휘하는 방법

☐ 자제력에만 의존하지 말고 어려움이나 유혹을 이겨낼 방법을 찾아 보세요.

☐ 주변에 유혹이 되는 것, 주의 집중에 방해가 되는 것, 기타 장애물이 있는지 살펴보고 미리 없애버리세요.

☐ 습관을 개선해 보세요.

☐ 목표를 정하고 방해가 되는 요소를 찾아낸 다음, 방해 요소가 나타나기 전에 미리 대응 전략을 생각해 두세요.

8. 동기를 부여하는 방법

☐ 이 일을 끝내면 어떤 이점이 있는지 빠짐없이 적어 보세요.

☐ 어려운 일이나 공부를 끝내면 자기 자신에게 보상을 해 주세요.

☐ 자신이 사용하려는 학습 방법이 주어진 과업의 난이도에 맞는지 확인하세요.

☐ 장기 목표, 단계별 목표, 과정 목표를 정하세요.

9. 효과적으로 독서하는 방법

☐ 정독하기 전에 읽을 내용을 가볍게 훑어보세요.

☐ 능동적 읽기 – 내용을 여러 각도에서 생각해 보고, 능동적으로 회상해 보세요. 본문에 주석을 넣어 보세요.

10. 시험을 잘 치는 방법

☐ 시험에 대한 정보를 최대한 많이 수집한 다음, 시험공부를 어떻게 할지 계획해 보세요.

☐ 기출문제를 구할 수 있다면, 반드시 구해서 모두 풀어 보세요.

☐ 시험이 시작되면, 지시문을 주의 깊이 읽으세요. 시험 시간을 잘 관리하고, 답안 작성이 끝나면 한 번 더 검토하세요.

☐ 하드 스타트 방법을 적용하세요.

11. 메타인지를 활용하여 학습 효과를 높이는 방법

☐ 메타인지 학습을 활용하세요 – 과업을 파악한 후에 목표를 정하고 계획을 세우세요. 그다음 학습을 진행하되 자신을 모니터링하면서 조절해야 할 부분이 있는지 찾아보세요.

☐ 자신의 과거 경험에서 배우세요 – 성공적인 부분과 그렇지 못했던 부분을 찾아내고, 어떤 점을 개선해야 하는지 분석해 보세요.

감사의 말

이 책을 집필하는 과정에 도움을 주신 분이 정말 많습니다. 그 분들에게 머리 숙여 감사드립니다. 또한 이 책의 원고를 꼼꼼하게 읽고 자세하게 피드백을 주신 백여 명의 베타리더에게도 감사를 전합니다. 책을 보기 좋게 꾸며주신 엠프레스 오브 에디터스 Empress of Editors 의 다이엘라 랩 Daniela Rapp 편집장님께도 고마움을 전합니다. 마지막으로 이 책의 주요 개념을 창의적으로 잘 표현해주신 올리버 영 Oliver Young 삽화가님에게도 마음을 담아 감사를 전합니다.

미주

1. 미루는 습관을 없애고 집중력을 높이는 방법

1 방해를 받거나 멀티태스킹을 하는 것은 집중력에 방해가 됩니다: Mokhtari et al., 2015.

2 이 과정을 기억 강화consolidation 라고 합니다: Fiebig and Lansner, 2014. 짧게 쉬는 시간을 여러 번 반복하면 기억 강화에 도움이 됩니다: Wamsley et al., 2010.

3 두통: Lyons and Beilock, 2012.

4 52분간 집중한 뒤에 17분간 쉬는 시간을 가지세요: Thompson, 2014.

5 휴식 시간에 휴대전화를 사용하는 것은 인지적 손실을 유발합니다: Kang and Kurtzberg, 2019.

6 휴대전화를 사용하지 않는 학생의 성적이 더 높습니다: Kuznekoff and Titsworth, 2013.

7 휴대전화를 가까이 두면 집중에 방해가 됩니다: Ward et al., 2017.

8 휴대전화는 손을 뻗어도 닿지 않는 곳으로 치워두세요: Cutino and Nees, 2016.

9 두뇌가 사용할 수 있는 상태로 준비된 신경 정보: Dehaene and Changeux, 2011.

10 일을 마무리하지 않은 상태에서 다른 일을 시작하면 인지적 수행도가 낮아집니다: Rubinstein et al., 2001. 슈퍼태스커(멀티태스킹을 하면서도 95% 효율을 유지하는 사람): Medeiros-Ward et al., 2015.

11 멀티태스킹을 하면 한 가지 일에만 인지력이 고정되는 것이 아니므로 창의성이 높아집니다: Kapadia and Melwani, 2020; Lu et al., 2017.

12 평균 35초 간격: Mark et al., 2016.

13 업무와 무관한 사이트를 차단했을 때: Mark et al., 2017.

14 언제든지 새로 시작할 방법을 마련해 두었을 때: Leroy and Glomb, 2018.
15 장시간 집중을 할 때에 발생하는 문제점: Garrison et al., 2015 참조, 고도의 집중력을 발휘하여 명상을 할 경우에 디폴트 모드 네트워크(default mode network, 아무 것도 하지 않고 빈둥거릴 때에 오히려 활성화되는 뇌의 영역) 활동량을 감소시켜서 창의력을 저해할 수 있다는 흥미로운 연구 결과가 있습니다.
16 인지적 탈진이 미치는 영향: Madjar and Shalley, 2008. "인지적 탈진"은 설명하기 어려운 개념입니다. 사람이 정신적으로 탈진했을 때 두뇌 상태가 실제로 어떠한지 설명할 수 있는 fMRI 연구가 아직 없습니다. '자아 고갈ego-depletion'이 발생하면 자기 통제에 실패할 확률이 높다는 이론이 있지만, 이러한 이론은 아직 허술한 점이 많습니다: Carter et al., 2015. 그러나 사고 과정에서 더 많이 사용되는 두뇌 영역에서 대사 비용metabolic cost이 더 높은 것은 분명한 사실입니다: Ampel et al., 2018.
17 휴식 시간에는 말 그대로 아무것도 하지 않고 쉬어야 합니다: Wamsley, 2019.
18 휴식 시간을 가져야 새로운 아이디어가 뇌에 사리잡을 수 있습니다: Wamsley, 2019.
19 의대생이 공부에 투자하는 시간: Liles et al., 2018.
20 일반적인 학생들이 공부에 투자하는 평균 시간: Bart, 2011.
21 작업 기억과 음악: Christopher and Shelton, 2017.
22 음악은 ADHD 증상이 있는 사람들에게 도움이 됩니다: Antonietti, et al., 2018.
23 바이노럴 비트의 역사와 개요: Turow and Lane, 2011.
24 바이노럴 비트에 대한 메타-분석: Garcia-Argibay et al., 2019.
25 명상 효과에 대한 메타-분석: Chiesa et al., 2011; Sedlmeier et al., 2012.
26 요가가 두뇌에 미치는 영향: Gothe et al., 2019.

2. 풀리지 않는 문제를 푸는 방법

1 심리학자들은 집중 모드와 분산 모드를 '일할 때 작동하는 뇌 task positive network'와 '쉴 때 작동하는 뇌 task negative network'라고 부릅니다. 신경과학자들은 분산 모드라는 말 대신 디폴트 모드 네트워크라는 용어를 사용합니다 (Fox et al., 2005).
2 경로를 파악하는 것: Sekeres et al., 2017.
3 디폴트 모드('분산 모드')와 창의성: Kuhn et al., 2014.
4 '인큐베이션' 효과: Sio and Ormerod, 2009. 하지만 인지적 집중을 포함하여 여러 가지 많은 요소가 영향을 줄 수 있음. (아래의 각주 참조)
5 문제가 풀리지 않을 때 기존의 해결 방식이나 접근법에 계속 집중하는 것은 오히려 좋지 않습니다: Lu et al., 2017.
6 커피숍: O'Connor, 2013. 소음은 집중력(작업 기억)에 방해가 됩니다: Sinanaj et al., 2015.

3. 깊이 있게 학습하는 방법

1 하루 이틀이 아니라 오랜 기간에 걸쳐 연습하면 수초화 myelination 가 진행됩니다. 수초화란 신경 세포가 (미엘린이라는 단백질로) 코팅이 되어서 정보 전달 속도가 더 빨라지는 것을 말합니다. 학습 과정의 시작점인 신경 세포의 연결을 이해하는 데 꼭 필요한 개념은 아닙니다. 기억에 필요한 신경 세포의 연결 생성에 관해 다음과 같은 훌륭한 논문들이 있으니 참고해 보세요: Poo et al., 2016, Josselyn and Frankland, 2018.
2 능동적으로 공부하면 시험 불안이 줄어듭니다: Smith et al., 2016.
3 Renno-Costa et al., 2019, 이 자료에 의하면 "시냅스의 강도는 시냅스의 크기에 비례"합니다. 하지만 신경세포 수용체의 밀도 증가도 시냅스의 강도에 영향을 주며, 이밖에도 많은 요소들이 시냅스의 강도에 영향을 주는 것으로 알려져 있습니다. 삽화는 해부학적 관점에서 100% 완성도를 기한 것이 아니라 연결성이 더 높아졌다는 점을 시각화한 것에 불과합니다.
4 인출: Karpicke, 2012; Antony et al., 2017.

5 답을 찍어서 맞추는 것: Kornell et al., 2009
6 이 점은 앤더스 에릭슨의 의도적인 연습과 관련이 있습니다. 에릭슨의 연구 자료는 거의 책 한권 분량에 가깝지만 한번쯤 읽어볼 만한 자료입니다: Ericsson and Pool, 2016.
7 정교화: Dunlosky et al., 2013.
8 풀이과정 설명해 보기: Berry, 1983.
9 여러 가지 개념을 이해하는 것에 더해, 각 개념이 서로 어떻게 다른지 파악하는 것은 배운 내용의 통합은 물론이고 해마의 분화와 관련이 있는 것 같습니다: Sekeres et al., 2018.
10 교차 학습과 예술적 스타일에 대한 학습: Kornell and Bjork, 2008.
11 코칭과 교차 학습: Beilock, 2010.
12 BDNF와 운동: Szuhany et al., 2015. Image after Lu et al., 2013.
13 현재로서는 구체적인 가이드라인이 없습니다: Per email on August 16, 2019, with Jennifer Heisz, associate director, Physical Activity Centre of Excellence, McMaster University.
14 10% 향상된 결과: Heisz et al., 2017.
15 메타-분석: Chang et al., 2012.
16 미국에서 사용되는 운동 가이드라인: U.S. Department of Health and Human Services, 2018.
17 운동이 가져오는 생리적 변화: Basso and Suzuki, 2017; Szuhany et al., 2015.
18 고강도 인터벌 훈련: Jenkins et al., 2019.
19 음악이 도움이 될 수 있습니다: Stork et al., 2019.
20 실질적인 근거가 아직 부족합니다: 은행: Laws et al., 2012. 인삼: Geng et al., 2010.
21 카페인: Glade, 2010; Nehlig, 2010. 파이토케미컬과 구아라나: Haskell et al., 2013.
22 글루코스: Smith et al., 2011.

23 과식과 단식이 인지 기능에 미치는 영향: Mattson, 2019.
24 단식: Brandhorst et al., 2015; Mattson, 2019.
25 코코아: Socci et al., 2017. 플라보노이드: Rendeiro et al., 2012. 커큐민: Cox et al., 2015.
26 전반적으로 향상되는 효과가 나타납니다: Adan and Serra-Grabulosa, 2010.
27 건강에 좋은 식단과 운동은 따로 적용하기보다 서로 병행할 때 인지 능력을 훨씬 높여줍니다: van Praag, 2009.
28 야채, 견과류, 각종 베리류가 인지력에 미치는 영향: Miller et al., 2017; Pribis and Shukitt-Hale, 2014.
29 패스트푸드는 가급적 먹지 마세요: Tobin, 2013.
30 학습에서 중요한 시기를 공략하여 두뇌의 가소성을 높이는 일: Gervain et al., 2013; Ly et al., 2018.
31 합성 자극제: Repantis et al., 2010; Smith and Farah, 2011.
32 신경과학자라면 자기 몸에 비침습적 두뇌 자극을 사용하지 않을 겁니다: Shirota et al., 2014.
33 판매사를 지나치게 신뢰하지 마세요: Jwa, 2018.
34 잠을 자는 동안 신경 연결이 이루어집니다: Yang et al., 2014.
35 독성 물질 제거: Xie et al., 2013.
36 낮잠이 도움이 되는 이유: Cousins et al., 2019.
37 수면에 대해 더 많은 점을 알고 싶다면 다음 자료를 참조하세요: Walker, 2017.
38 블루라이트에 대한 조언: Harvard Medical School, 2012, updated 2018.
39 휴대전화는 다른 방에 갖다놓으세요: Hughes and Burke, 2018.
40 무게감 있는 이불이 좋은 이유: Ekholm et al., 2020.
41 잠들기 전에 신체를 이완하는 방법은 다음 자료에 근거한 것입니다: Winter, 1981.
42 호흡과 숨쉬기의 다양한 측면: Nestor, 2020.

4. 작업 기억을 최대화하고 필기를 잘하는 방법

1 작업 기억에 대한 정의는 연구자마다 큰 차이가 있습니다: Cowan, 2017.
2 작업 기억은 한 번에 3~4개의 정보만 처리할 수 있습니다: Cowan, 2001; 이 분야에 대한 코윈 Cowan 등의 최신 연구자료도 참조할 수 있습니다.
3 음성과 삽화가 동시에 제시되면 보다 쉽게 학습할 수 있습니다: Mayer, 2014.
4 연구 조사가 알려주는 일반적인 상식: Jansen et al., 2017; Zureick et al., 2018.
5 이것은 코넬(cornell)의 필기 방법을 약간 수정한 것입니다.
6 인출 연습이 개념도를 그리는 것보다 더 효과적입니다: Karpicke and Blunt, 2011.
7 의대생과 당일 복습: Liles et al., 2018.
8 필기를 하지 않고 동영상 강의를 다시 돌려보는 것은 별로 좋은 방법이 아닙니다: Liles et al., 2018.
9 다른 학생의 필기를 빌려본 학생도 점수에서는 큰 차이가 없었습니다: Kiewra et al., 1991.
10 데이비드 헨델 박사: Handel, 2019.

5. 효율적으로 암기하는 방법

1 작업 기억을 활용하면 복잡한 주제에 대해 생각하는 것이 한층 쉬워집니다: Sweller et al., 2011.
2 프랑스 혁명과 러시아 혁명에 대한 예시: Agarwal and Bain, 2019.
3 개념적 이해, 절차적 유창성: Karpicke, 2012; Rittle-Johnson et al., 2015.
4 해마 패턴 사고: Schapiro et al., 2017.
5 두뇌는 시각 정보에 강한 편입니다: Oakley and Sejnowski, 2019.
6 2,560개의 이미지: Standing et al., 1970.
7 생생한 이미지가 쉽게 기억됩니다: D'Angiulli et al., 2013.
8 신경 재사용 이론: Anderson, 2010.

6. 직관력을 키우고 생각의 속도를 높이는 방법

1 두 가지 시스템은 서로 전혀 다른 것입니다: Oakley et al., 2021, 이 책의 6장에서 설명형 학습 모형과 수행형 학습 모형을 종합적으로 분석,비교하고 있으니 한번 참조해 보세요.
2 "학생들은 자기가 어떤 문제에 대한 답을 안다고 생각할 때, 54~64%의 학생들은 그 문제를 다시 검토하지 않습니다. 아마 문제를 검토할 기회가 있어도 아는 문제는 다시 열어보지 않을 겁니다.": Pan과 Bjork이 언론 보도에서 한 말을 인용함.
3 기억에 저장된 정보를 적극적으로 꺼내는 것은 직관을 발달시키는 데 도움이 됩니다: Himmer et al., 2019.
4 교차 학습의 효과는 수행형 학습 시스템에 관련하여 처음으로 발견된 것입니다: See Pan and Bjork, in press.
5 내면화 방법에는 인출 과정이 포함됩니다: Adesope et al., 2017; Agarwal et al., 2008.
6 다양한 연습문제를 접하는 것은 응용력에 도움이 됩니다: Pan and Bjork, in press.
7 설명형/수행형 모형과 외국어 학습: Ullman and Lovelett, 2016.
8 복습을 여러 달 뒤로 미루어야 할 때: Cepeda et al., 2008.
9 잠을 자는 것과 두뇌를 쉬면서 긴장을 푸는 것은 시간 간격을 두고 암기한 내용을 반복 확인할 때에 도움이 됩니다: van Kesteren and Meeter, 2020.
10 외국어 단어를 외울 때 몸동작을 사용하면 더 잘 외워집니다: Macedonia et al., 2019; Straube et al., 2009.

7. 자제력이 없을 때 자제력을 발휘하는 방법

1 자제력이 가져오는 긍정적인 효과: Duckworth et al., 2019; Hofmann et al., 2014; Moffitt et al., 2011.
2 유혹이 될 만한 것을 눈 앞에 두지 마세요: Milyavskaya and Inzlicht, 2017.
3 습관을 만드는 데 걸리는 시간: Lally et al., 2010.

4 학습 계획을 세운 학생은 그렇지 않은 학생보다 학습 시간이 1.5배 많은 것으로 나타났습니다: Sheeran et al., 2005.

5 장애물이 생길 때 어떻게 대처할지 미리 계획해 둔 학생은 그렇지 않은 학생보다 연습문제를 60% 더 많이 풀었습니다: Duckworth et al., 2011.

6 운동 계획을 세운 사람 중에서 91%는 계획한 목표를 달성했습니다: Sniehotta et al.,2006.

7 루즈벨트 대통령은 미국 전역을 통틀어 경쟁자가 없을 정도로 독서광이었습니다: Roosevelt, 1915.

8. 동기를 부여하는 방법

1 도파민 수치와 쥐의 행동에 관한 실험: Bardgett et al., 2009.

2 사람은 도파민 수치가 높을 때 공부나 일을 더 열심히 합니다: Treadway et al., 2012; Wardle et al., 2011.

3 긍정적인 이점에 대해 생각하면 동기 부여가 됩니다: Hulleman et al., 2010.

4 머리를 식히고 싶다면 휴대전화를 만지지 미세요: Kang et al., 2019.

5 머릿속으로 상상해 보면 동기 부여에 도움이 됩니다: Oettingen and Reininger,2016.

6 스마트한 목표: Doran, 1981.

7 우리는 다른 사람과 교류하려는 욕구를 가지고 태어납니다: Ryan and Deci, 2000.

8 전염 효과: Dik and Aarts, 2007.

9. 효과적으로 독서하는 방법

1 읽기는 글자 인식에서 시작하여 아이디어를 파악하는 과정입니다: Leinenger, 2014; Hruby and Goswami, 2011; Rayner et al., 2016.

2 눈동자가 다음 단어로 이동하는 순간에도 두뇌는 정보를 계속 처리합니다: Irwin, 1998.

3 해리 포터를 47분만에 완독한 앤 존스에 대한 읽기 전문가들의 견해:
  Rayner et al., 2016.
4 캐롤 데이비스 박사: 2019.7.20자 이메일 내용에서 인용함
5 회상 기법: Karpicke, 2012. '인출'이라는 정식 용어 대신 '회상'이라는 표현도 많이 쓰입니다.
6 읽은 내용에 대해 테스트하는 것이 효과적임을 보여주는 연구 결과:
  Roediger III and Karpicke, 2006.
7 회상 기법은 기억 정보를 몇 배로 늘려 줍니다: Karpicke, 2012.
8 기억과 이해는 밀접하게 관련되어 있습니다: Karpicke, 2012.
9 관련 정보를 제공해준 Kristey Drobney에게 감사를 전합니다.

10. 시험을 잘 치는 방법

1 시험의 긍정적인 측면: Rowland, 2014.
2 시험을 잘 준비하는 요령: Adesope et al., 2017.
3 답안을 점검하는 과정에서 답을 바꿔야 할 상황이 생길 수 있습니다:
  Bridgeman, 2012.
4 시험 불안은 시험을 잘 치는 데 도움이 됩니다: Brady et al., 2018.
5 시험 불안을 낮추려면: Beilock, 2010; Karpicke and Blunt, 2011; Karpicke, 2012.

11. 메타인지를 활용하여 학습 효과를 높이는 방법

1 자신의 능력을 과대평가하는 사람일수록 메타인지가 낮습니다:
  Molenberghs et al., 2016.
2 4단계로 이루어진 자기 조절형 학습: 이 모형은 필립 윈과 앨리슨 해드윈의 자기 조절형 학습 모형(1998)을 약간 변형한 것입니다
3 학생들의 자기조절 능력이 향상될 때에 발생하는 효과: Dignath and Buttner, 2008.

참고문헌

Adan, A., and J. M. Serra-Grabulosa. "Effects of caffeine and glucose, alone and combined, on cognitive performance." Human Psychopharmacology 25, no. 4 (2010): 310–17.

Adesope, Olusola O., et al. "Rethinking the use of tests: A meta-analysis of practice testing." Review of Educational Research 87, no. 3 (2017): 659–701.

Agarwal, P. K., and P. Bain. Powerful Teaching: Unleash the Science of Learning. San Francisco, CA: Jossey-Bass, 2019.

Agarwal, Pooja K., et al. "Examining the testing effect with open- and closedbook tests." Applied Cognitive Psychology 22, no. 7 (2008): 861–76.

Ampel, Benjamin C., et al. "Mental work requires physical energy: Self-control is neither exception nor exceptional." Frontiers in Psychology 9 (2018): Art. No. 1005.

Anderson, Michael L. "Neural reuse: A fundamental organizational principle of the brain." Behavioral and Brain Sciences 33, no. 4 (2010): 245–66.

Antonietti, A. et al, "Enhancing self-regulatory skills in ADHD through music."In Music Interventions for Neurodevelopmental Disorders, edited by Alessandro Antonietti, et al, 19-49: Springer, 2018.

Antony, J. W., et al. "Retrieval as a fast route to memory consolidation." Trends in Cognitive Science 21, no. 8 (2017): 573–76.

Bardgett, Mark E., et al. "Dopamine modulates effort-based decision making in rats." Behavioral Neuroscience 123, no. 2 (2009): 242.

Bart, Mary. "Students study about 15 hours a week, NSSE finds." The Faculty Focus (2011). https://www.facultyfocus.com/articles/edtech-news-and-trends/students-study-about-15-hours-a-week-nsse-finds/.

Basso, Julia C., and Wendy A. Suzuki. "The effects of acute exercise on mood, cognition, neurophysiology, and neurochemical pathways: A review." Brain Plasticity 2, no. 2 (2017): 127–52.

Beilock, Sian. Choke: What the Secrets of the Brain Reveal About Getting It Right When You Have To. New York: Free Press, 2010.

Berry, Dianne C. "Metacognitive experience and transfer of logical reasoning."Quarterly Journal of Experimental Psychology Section A 35, no. 1 (1983): 39–49.

Brady, Shannon T., et al. "Reappraising test anxiety increases academic performance of first-year college students." Journal of Educational Psychology 110, no. 3 (2018): 395–406.

Brandhorst, Sebastian, et al. "A periodic diet that mimics fasting promotes multisystem regeneration, enhanced cognitive performance, and healthspan." Cell Metabolism 22, no. 1 (2015): 86–99.

Bridgeman, Brent. "A simple answer to a simple question on changing answers."Journal of Educational Measurement 49, no. 4 (2012): 467–68.

Carter, Evan C., et al. "A series of meta-analytic tests of the depletion effect: Selfcontrol does not seem to rely on a limited resource." Journal of Experimental Psychology: General 144, no. 4 (2015): 796–815.

Cepeda, Nicholas J., et al. "Spacing effects in learning: A temporal ridgeline of optimal retention." Psychological Science 19, no. 11 (2008): 1095–102.**Chang, Y. K., et al.** "The effects of acute exercise on cognitive performance: A meta-analysis." Brain Research 1453 (2012): 87–101.

Chiesa, A., et al. "Does mindfulness training improve cognitive abilities? A systematic review of neuropsychological findings." Clinical Psychology Review 31, no. 3 (2011): 449–64.

Christopher, Eddie A., and Jill Talley Shelton. "Individual differences in working memory predict the effect of music on student performance." Journal of Applied Research in Memory and Cognition 6, no. 2 (2017): 167–73.

Cousins, James N., et al. "Does splitting sleep improve long-term memory in chronically sleep deprived adolescents?" npj Science of Learning 4, no. 1 (2019): 8.

Cowan, N. "The many faces of working memory and short-term storage."Psychonomic Bulletin and Review 24, no. 4 (2017): 1158–70.

Cowan, Nelson. "The magical number 4 in short-term memory: A reconsideration of mental storage capacity." Behavioral and Brain Sciences 24, no. 1 (2001): 87–114.

Cox, K. H., et al. "Investigation of the effects of solid lipid curcumin on cognition and mood in a healthy older population." Journal of Psychopharmacology 29, no. 5 (2015): 642–51.

Cutino, Chelsea M., and Michael A. Nees. "Restricting mobile phone access during homework increases attainment of study goals." Mobile Media & Communication 5, no. 1 (2016): 63–79.

D'Angiulli, Amedeo, et al. "Vividness of visual imagery and incidental recall of verbal cues, when phenomenological availability reflects long-term memory accessibility." Frontiers in Psychology 4 (2013): 1–18.

Dehaene, S., and J. P. Changeux. "Experimental and theoretical approaches to conscious processing." Neuron 70, no. 2 (2011): 200–27.

Dignath, Charlotte, and Gerhard Buttner. "Components of fostering self-regulated learning among students: A meta-analysis on intervention studies at primary and secondary school level." Metacognition and Learning 3, no. 3 (2008): 231–64.

Dik, Giel, and Henk Aarts. "Behavioral cues to others' motivation and goal pursuits: The perception of effort facilitates goal inference and contagion." Journal of Experimental Social Psychology 43, no. 5 (2007): 727–37.

Doran, George T. "There's a SMART way to write management's goals and objectives." Management Review 70, no. 11 (1981): 35–36.

Duckworth, Angela L., et al. "Self-control and academic achievement." Annual Review of Psychology 70, no. 1 (2019): 373–99.

Duckworth, Angela Lee, et al. "Self-regulation strategies improve self-discipline in adolescents: Benefits of mental contrasting and implementation intentions." Educational Psychology 31, no. 1 (2011): 17–26.

Dunlosky, John, et al. "Improving students' learning with effective learning techniques: Promising directions from cognitive and educational psychology." Psychological Science in the Public Interest 14, no. 1 (2013): 4–58.

Ericsson, K. Anders, and Robert Pool. Peak: Secrets from the New Science of Expertise. Boston, MA: Eamon Dolan/Houghton Mifflin Harcourt, 2016.

Fiebig, Florian, and Anders Lansner. "Memory consolidation from seconds to weeks: A three-stage neural network model with autonomous reinstatement dynamics." Frontiers in Computational Neuroscience 8 (2014): Art. No. 64, 1–17.

Fox, M. D., et al. "The human brain is intrinsically organized into dynamic, anticorrelated functional networks." PNAS 102 (2005): 9673–78.

Garcia-Argibay, Miguel, et al. "Efficacy of binaural auditory beats in cognition, anxiety, and pain perception: A meta-analysis." Psychological Research 83, no. 2 (2019): 357–72.

Garrison, Kathleen A., et al. "Meditation leads to reduced default mode network activity beyond an active task." Cognitive, Affective, & Behavioral Neuroscience 15, no. 3 (2015): 712–20.

Geng, J., et al. "Ginseng for cognition." Cochrane Database of Systematic Reviews, no. 12 (2010): Art. No. CD007769.

Gervain, Judit, et al. "Valproate reopens critical-period learning of absolute pitch." Frontiers in Systems Neuroscience 7, no. 102 (2013): Art. No. 102.

Glade, M. J. "Caffeine—Not just a stimulant." Nutrition 26, no. 10 (2010): 932–38.

Gothe, Neha P., et al. "Yoga effects on brain health: A systematic review of the current literature." Brain Plasticity 5, no. 1 (2019): 105–22.

Handel, David. "How to Unlock the Amazing Power of Your Brain and Become a Top Student." Medium (2019). https://medium.com/better-humans/how-to-unlock-the-amazing-power-of-your-brain-and-become-a-top-student-369e5ba59484.

Harvard Medical School. "Blue light has a dark side." Harvard Health Letter (2012, updated 2018). https://www.health.harvard.edu/staying-healthy/blue-light-has-a-dark-side.

Haskell, C. F., et al. "Behavioural effects of compounds co-consumed in dietary forms of caffeinated plants." Nutrition Research Reviews 26, no. 1 (2013): 49–70.

Heisz, J. J., et al. "The effects of physical exercise and cognitive training on memory and neurotrophic factors." Journal of Cognitive Neuroscience 29, no. 11 (2017): 1895–907.

Himmer, L., et al. "Rehearsal initiates systems memory consolidation, sleep makes it last." Science Advances 5, no. 4 (2019): eaav1695.

Hofmann, Wilhelm, et al. "Yes, but are they happy? Effects of trait self-control on affective well-being and life satisfaction." Journal of Personality 82, no. 4 (2014): 265–77.

Hruby, George G., and Usha Goswami. "Neuroscience and reading: A review for reading education researchers." Reading Research Quarterly 46, (2011): 156–72.

Hughes, Nicola, and Jolanta Burke. "Sleeping with the frenemy: How restricting 'bedroom use' of smartphones impacts happiness and wellbeing." Computers in Human Behavior 85, (2018): 236–44.

Hulleman, Chris S., et al. "Enhancing interest and performance with a utility value intervention." Journal of Educational Psychology 102, no. 4 (2010): 880–95.

Jansen, Renee S., et al. "An integrative review of the cognitive costs and benefits of note-taking." Educational Research Review 22 (2017): 223–33.
Jenkins, E. M., et al. "Do stair climbing exercise 'snacks' improve cardiorespiratory fitness?" Applied Physiology, Nutrition, and Metabolism 44, no. 6 (2019): 681–84.
Josselyn, Sheena A., and Paul W. Frankland. "Memory allocation: Mechanisms and function." Annual Review of Neuroscience 41, no. 1 (2018): 389–413.
Jwa, Anita. "DIY tDCS: A need for an empirical look." Journal of Responsible Innovation 5, no. 1 (2018): 103–8.
Kang, S., and T. R. Kurtzberg. "Reach for your cell phone at your own risk: The cognitive costs of media choice for breaks." Journal of Behavioral Addictions 8, no. 3 (2019): 395–403.
Kapadia, Chaitali, and Shimul Melwani. "More tasks, more ideas: The positive spillover effects of multitasking on subsequent creativity." Journal of Applied Psychology (2020): Advance publication online.
Karpicke, J. D., and J. R. Blunt. "Retrieval practice produces more learning than elaborative studying with concept mapping." Science 331, no. 6018 (2011): 772–75.
Karpicke, Jeffrey D. "Retrieval-based learning: Active retrieval promotes meaningful learning." Current Directions in Psychological Science 21, no. 3 (2012): 157–63.
Kiewra, Kenneth A., et al. "Note-taking functions and techniques." Journal of Educational Psychology 83, no. 2 (1991): 240–45.
Kornell, Nate, and Robert A. Bjork. "Learning concepts and categories: Is spacing the 'enemy of induction'?" Psychological Science 19, no. 6 (2008): 585–92.
Kornell, Nate, Matthew J. Hays, and Robert A. Bjork. "Unsuccessful retrieval attempts enhance subsequent learning." Journal of Experimental Psychology: Learning, Memory, and Cognition 35, no. 4 (2009): 989–998.
Kuhn, Simone, et al. "The importance of the default mode network in creativity—a structural MRI study." Journal of Creative Behavior 48, no. 2 (2014): 152–63.
Kuznekoff, Jeffrey H., and Scott Titsworth. "The impact of mobile phone usage on student learning." Communication Education 62, no. 3 (2013): 233–52.
Lally, Phillippa, et al. "How are habits formed: Modelling habit formation in the real world." European Journal of Social Psychology 40, no. 6 (2010): 998–1009.
Laws, Keith R., et al. "Is ginkgo biloba a cognitive enhancer in healthy individuals? A meta-analysis." Human Psychopharmacology: Clinical and Experimental 27, no. 6

(2012): 527–33.

Leinenger, Mallorie. "Phonological coding during reading." Psychological Bulletin 140, no. 6 (2014): 1534–55.

Leroy, Sophie, and Theresa M. Glomb. "Tasks interrupted: How anticipating time pressure on resumption of an interrupted task causes attention residue and low performance on interrupting tasks and how a 'ready-to-resume' plan mitigates the effects." Organization Science 29, no. 3 (2018): 380–97.

Liles, Jenny, et al. "Study habits of medical students: An analysis of which study habits most contribute to success in the preclinical years." MedEdPublish 7, no. 1 (2018): 61.

Lu, Bai, et al. "BDNF-based synaptic repair as a disease-modifying strategy for neurodegenerative diseases." Nature Reviews: Neuroscience 14, no. 6 (2013): 401–16.

Lu, Jackson G., et al. "'Switching on' creativity: Task switching can increase creativity by reducing cognitive fixation." Organizational Behavior and Human Decision Processes 139 (2017): 63–75.

Ly, C., et al. "Psychedelics promote structural and functional neural plasticity." Cell Reports 23, no. 11 (2018): 3170–82.

Lyons, I. M., and S. L. Beilock. "When math hurts: Math anxiety predicts pain network activation in anticipation of doing math." PLOS One 7, no. 10 (2012): e48076.

Macedonia, M., et al. "Depth of encoding through observed gestures in foreign language word learning." Frontiers in Psychology 10 (2019): Art. No. 33.

Madjar, Nora, and Christina E. Shalley. "Multiple tasks' and multiple goals' effect on creativity: Forced incubation or just a distraction?" Journal of Management 34, no. 4 (2008): 786–805.

Mark, Gloria, et al. "How blocking distractions affects workplace focus and productivity." In Proceedings of the 2017 ACM International Joint Conference on Pervasive and Ubiquitous Computing and Proceedings of the 2017 ACM International Symposium on Wearable Computers, 928–34: ACM, 2017.

Mark, Gloria, et al. "Neurotics can't focus: An in situ study of online multitasking in the workplace." In Proceedings of the 2016 CHI Conference on Human Factors in Computing Systems, 1739–44: ACM, 2016.

Mattson, M. P. "An evolutionary perspective on why food overconsumption impairs cognition." Trends in Cognitive Science 23, no. 3 (2019): 200–12.

Mayer, Richard E. The Cambridge Handbook of Multimedia Learning. 2nd ed. New York: Cambridge University Press, 2014.

Medeiros-Ward, N., et al. "On supertaskers and the neural basis of efficient multitasking." Psychonomic Bulletin & Review 22, no. 3 (2015): 876–83.

Miller, Marshall, et al. "Role of fruits, nuts, and vegetables in maintaining cognitive health." Experimental Gerontology 94 (2017): 24–28.

Milyavskaya, Marina, and Michael Inzlicht. "What's so great about self-control? Examining the importance of effortful self-control and temptation in predicting real-life depletion and goal attainment." Social Psychological and Personality Science 8, no. 6 (2017): 603–11.

Moffitt, Terrie E., et al. "A gradient of childhood self-control predicts health, wealth, and public safety." PNAS 108, no. 7 (2011): 2693–98.

Mokhtari, Kouider, et al. "Connected yet distracted: Multitasking among college students." Journal of College Reading and Learning 45, no. 2 (2015): 164–80.

Molenberghs, Pascal, et al. "Neural correlates of metacognitive ability and of feeling confident: A large-scale fMRI study." Social Cognitive and Affective Neuroscience 11, no. 12 (2016): 1942–51.

Nehlig, A. "Is caffeine a cognitive enhancer?" Journal of Alzheimer's Disease 20, suppl. 1 (2010): S85–S94.

Nestor, J. Breath: The New Science of a Lost Art. New York: New York, Riverhead Books, 2020.

O'Connor, Anahad. "How the Hum of a Coffee Shop Can Boost Creativity." New York Times, June 21, 2013.

Oakley, Barbara A., and Terrence J. Sejnowski. "What we learned from creating one of the world's most popular MOOCs." npj Science of Learning 4 (2019): Art. No. 7.

Oakley, Barbara, et al. Uncommon Sense Teaching. New York: Penguin Random House, 2021.

Oettingen, Gabriele, and Klaus Michael Reininger. "The power of prospection: Mental contrasting and behavior change." Social and Personality Psychology Compass 10, no. 11 (2016): 591–604.

Pan, Steven C., and Robert A. Bjork. "Chapter 11.3 Acquiring an accurate mental model of human learning: Towards an owner's manual." In Oxford Handbook of Memory, Vol. II: Applications. In press.

Poo, M. M., et al. "What is memory? The present state of the engram." BMC Biology 14 (2016): Art. No. 40.

Pribis, Peter, and Barbara Shukitt-Hale. "Cognition: The new frontier for nuts and berries." American Journal of Clinical Nutrition 100, 1 (2014): 347S–352S.

Rayner, Keith, et al. "So much to read, so little time: How do we read, and can speed reading help?" Psychological Science in the Public Interest 17, no. 1 (2016): 4–34.

Rendeiro, C., et al. "Flavonoids as modulators of memory and learning: Molecular interactions resulting in behavioural effects." Proceedings of the Nutritional Society 71, no. 2 (2012): 246–62.

Renno-Costa, C., et al. "Computational models of memory consolidation and long-term synaptic plasticity during sleep." Neurobiology of Learning and Memory 160 (2019): 32–47.

Repantis, Dimitris, et al. "Modafinil and methylphenidate for neuroenhancement in healthy individuals: A systematic review." Pharmacological Research 62, no. 3 (2010): 187–206.

Rittle-Johnson, Bethany, et al. "Not a one-way street: Bidirectional relations between procedural and conceptual knowledge of mathematics." Educational Psychology Review 27, no. 4 (2015): 587–97.

Roediger III, Henry L., and Jeffrey D. Karpicke. "Test-enhanced learning: Taking memory tests improves long-term retention." Psychological Science 17, no. 3 (2006): 249–55.

Roosevelt, Theodore. "The books that I read and when and how I do my reading."Ladies' Home Journal 32, no. 4 (1915). https://www.theodorerooseveltcenter.org/Research/Digital-Library/Record/ImageViewer?libID=o292909&image No=1.

Rowland, C. A. "The effect of testing versus restudy on retention: A meta-analytic review of the testing effect." Psychology Bulletin 140, no. 6 (2014): 1432–63.

Rubinstein, Joshua S., et al. "Executive control of cognitive processes in task switching." Journal of Experimental Psychology: Human Perception and Performance 27, no. 4 (2001): 763–97.

Ryan, Richard M., and Edward L Deci. "Self-determination theory and the facilitation of intrinsic motivation, social development, and well-being." American

Psychologist 55, no. 1 (2000): 68.

Schapiro, Anna C., et al. "Complementary learning systems within the hippocampus: A neural network modelling approach to reconciling episodic memory with statistical learning." Philosophical Transactions of the Royal Society B: Biological Sciences 372 (2017). https://doi.org/10.1098/rstb.2016.0049.

Sedlmeier, Peter, et al. "The psychological effects of meditation: A meta-analysis." Psychological Bulletin 138, no. 6 (2012): 1139–1171.

Sekeres, M. J., et al. "The hippocampus and related neocortical structures in memory transformation." Neuroscience Letters 680 (2018): 39–53.

Sekeres, Melanie J., et al. "Mechanisms of memory consolidation and transformation." In Cognitive Neuroscience of Memory Consolidation, 17–44. Switzerland: Springer International Publishing, 2017.

Sheeran, Paschal, et al. "The interplay between goal intentions and implementation intentions." Personality and Social Psychology Bulletin 31, no. 1 (2005): 87–98.

Shirota, Y., et al. "Neuroscientists do not use non-invasive brain stimulation on themselves for neural enhancement." Brain Stimulation 7, no. 4 (2014): 618–19.

Sinanaj, I., et al. "Neural underpinnings of background acoustic noise in normal aging and mild cognitive impairment." Neuroscience 310 (2015): 410–21.

Sio, U. N., and T. C. Ormerod. "Does incubation enhance problem-solving? A meta-analytic review." Psychological Bulletin of Science, Technology & Society 135, no. 1 (2009): 94–120.

Smith, Amy M., et al. "Retrieval practice protects memory against acute stress." Science 354, no. 6315 (2016): 1046–48.

Smith, M. A., et al. "Glucose enhancement of human memory: A comprehensive research review of the glucose memory facilitation effect." Neuroscience & Biobehavioral Reviews 35, no. 3 (2011): 770–83.

Smith, M. E., and M. J. Farah. "Are prescription stimulants 'smart pills'? The epidemiology and cognitive neuroscience of prescription stimulant use by normal healthy individuals." Psychological Bulletin 137, no. 5 (2011): 717–41.

Sniehotta, Falko F., et al. "Action plans and coping plans for physical exercise: A longitudinal intervention study in cardiac rehabilitation." British Journal of Health Psychology 11, no. 1 (2006): 23–37.

Socci, V., et al. "Enhancing human cognition with cocoa flavonoids." Frontiers in

Nutrition 4 (2017): Art. No. 10.

Standing, Lionel, et al. "Perception and memory for pictures: Single-trial learning of 2500 visual stimuli." Psychonomic Science 19, no. 2 (1970): 73–74.

Stork, Matthew J., et al. "Let's go: Psychological, psychophysical, and physiological effects of music during sprint interval exercise." Psychology of Sport and Exercise 45 (2019): 101547.

Straube, B., et al. "Memory effects of speech and gesture binding: Cortical and hippocampal activation in relation to subsequent memory performance." Journal of Cognitive Neuroscience 21, no. 4 (2009): 821–36.

Sweller, John, et al. Cognitive Load Theory. New York: Springer-Verlag, 2011.

Szuhany, Kristin L., et al. "A meta-analytic review of the effects of exercise on brain-derived neurotrophic factor." Journal of Psychiatric Research 60 (2015): 56–64.

Thompson, Derek. "A formula for perfect productivity: Work for 52 Minutes, Break for 17." The Atlantic, September 17, 2014. https://www.theatlantic.com/business/archive/2014/09/science-tells-you-how-many-minutes-should-you-take-a-break-for-work-17/380369/.

Tobin, K. J. "Fast-food consumption and educational test scores in the USA." Child: Care, Health and Development 39, no. 1 (2013): 118–24.

Treadway, Michael T., et al. "Dopaminergic mechanisms of individual differences in human effort-based decision-making." Journal of Neuroscience 32, no. 18 (2012): 6170–76.

Turow, Gabe, and James D. Lane. "Binaural beat stimulation: Altering vigilance and mood states." In Music, Science, and the Rhythmic Brain: Cultural and Clinical Implications, 122–39. New York: Routledge, 2011.

U.S. Department of Health and Human Services. "Physical Activity Guidelines for Americans, 2nd edition" (2018). https://health.gov/paguidelines/second-edition/pdf/Physical_Activity_Guidelines_2nd_edition.pdf.

Ullman, Michael T., and Jarrett T. Lovelett. "Implications of the declarative/procedural model for improving second language learning: The role of memory enhancement techniques." Second Language Research 34, no. 1 (2016): 39–65.

van Kesteren, Marlieke Tina Renee, and Martijn Meeter. "How to optimize knowledge construction in the brain." npj Science of Learning 5, no. 5 (2020).

van Praag, Henriette. "Exercise and the brain: Something to chew on." Trends in

Neurosciences 32, no. 5 (2009): 283–90.

Walker, Matthew. Why We Sleep: The New Science of Sleep and Dreams. New York: Penguin, 2017.

Wamsley, Erin J. "Memory consolidation during waking rest." Trends in Cognitive Sciences 23, no. 3 (2019): 171–73.

Wamsley, Erin J., et al. "Dreaming of a learning task is associated with enhanced sleep-dependent memory consolidation." Current Biology 20, no. 9 (2010): 850–55.

Ward, Adrian F., et al. "Brain drain: The mere presence of one's own smartphone reduces available cognitive capacity." Journal of the Association for Consumer Research 2, no. 2 (2017): 140–54.

Wardle, Margaret C., et al. "Amping up effort: Effects of d-amphetamine on human effort-based decision-making." Journal of Neuroscience 31, no. 46 (2011): 16597–602.

Winne, Philip H., and Allyson F. Hadwin. "Studying as self-regulated learning." In Metacognition in Educational Theory and Practice, edited by D. Hacker et al., 27–30. Mahwah, NJ: Lawrence Erlbaum Associates, 1998.

Winter, Lloyd Bud. Relax and Win: Championship Performance in Whatever You Do. San Diego, CA: Oak Tree Publications, 1981.

Xie, Lulu, et al. "Sleep drives metabolite clearance from the adult brain." Science 342, no. 6156 (2013): 373–77.

Yang, Guang, et al. "Sleep promotes branch-specific formation of dendritic spines after learning." Science 344, no. 6188 (2014): 1173–78.

Zureick, A. H., et al. "The interrupted learner: How distractions during live and video lectures influence learning outcomes." Anatomical Sciences Education 11, no. 4 (2018): 366–76.

옮긴이 정윤미

경북대학교 영어교육학과를 졸업하고 외국어고등학교에서 교편 생활을 했다. 현재 번역 에이전시 엔터스코리아에서 번역가로 활동하고 있습니다.

옮긴 책으로는 『생각 터지는 생각법』, 『최고의 영예』, 『자아도취적 이기주의자 대응심리학』, 『콜디스트 윈터』, 『미국 명문 MBA 입학에세이 모범답안』, 『미국 명문대 입학 추천서 모범답안』, 『장학금 신청 영어 에세이 영어 인터뷰 모범답안』, 『미국 명문 로스쿨 입학에세이 모범답안』, 『기억력 천재의 비밀노트』, 『미국 명문대 진학 가이드』, 『리더의 편견』, 『컨테이저스 전략적 입소문』, 『경제학 무작정 따라하기』, 『못 파는 광고는 쓰레기다』, 『능력 있으면 성공하는 줄 알았다』, 『건방진 자신감』, 『원 심플 아이디어(공역)』, 『비즈니스의 거짓말』, 『브랜드인셉션』, 『조엘 컴의 카칭』, 『착한 맥주의 위대한 성공 기네스』, 『부는 종교다』, 『혁신의 탄생』, 『CEO의 글쓰기엔 뭔가 비밀이 있다』, 『브랜드 심플(공역)』, 『지금 당장 손에 넣어라』, 『돈과 인생에 관한 20가지 비밀』, 『친구일까 적일까』 등이 있습니다.

학습천재가 되는 11가지 공부 비결

초판 1쇄 발행일 2021년 8월 17일
초판 3쇄 발행일 2021년 11월 08일

지은이 바버라 오클리, 올라브 슈위
옮긴이 정윤미
기획·감수 이영구
책임편집 김민석
교정교열 대한아
디자인 박마리아

펴낸곳 골든어페어(Golden Affair Books)
출판등록 2013년 8월 16일 제2013-000178호
주소 진주시 금산면 월아산로 1440번길 55
대표전화 070-7533-2021
팩스 0303-3441-2020
전자우편 contact@gabooks.kr
홈페이지 www.gabooks.kr

ISBN 979-11-88225-69-9 (03190)

이 책 내용의 전부 또는 일부를 이용하려면 반드시 저작권자와 골든어페어의 서면동의를 받아야 합니다.

일상(everyday affairs)을 대하는 관점이 바뀌면 천재일우의 기회(golden affair)가 찾아 올 수도 있습니다. 관점의 변화를 출판합니다. - 골든어페어(Golden Affair Books)

골든어페어가 출간한 인생의 전환점이 되는 책
『랜덤워크 투자수업』, 『진화된 마케팅 그로스 해킹』, 『맘(mom)이 편해졌습니다』, 『다이어트 말고 직관적 식사』, 『직관적 식사 실천 워크북』, 『학습천재가 되는 11가지 공부 비결』

반으로 접어서 책갈피로 쓰세요

인생의 전환점이 되는 책

일상을 대하는
EVERYDAY AFFAIRS
관점이 바뀌면

천재일우의 기회가
GOLDEN AFFAIR
찾아올 수도 있습니다

(누군가의) 인생의
전환점이 되는 책만
출간합니다

골든어페어
Golden Affair Books

gabooks.kr

Copyright@골든어페어

인·점·책 1   투자/경제

프린스턴대 전설적인 경제학자의 투자 조언

전문가 부럽지 않은 투자 감각을 길러주는 위대한 투자서

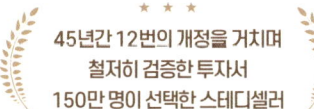

45년간 12번의 개정을 거치며 철저히 검증한 투자서
150만 명이 선택한 스테디셀러

눈을 가린 원숭이가 다트를 던져 선정한 주식 종목이 전문가가 선정한 종목과 차이가 없다는 비유를 들어 월스트리트를 무참히 공격했으며, 인덱스 투자를 태동케 한 책이다. 주식시장에 흘러넘치는 정보를 예리하게 걸러낼 수 있도록 투기와 투자의 역사, 최신 금융상품과 핵심 이론, 연령대에 따른 투자 지침(연금, 보험에 대한 조언 등)을 감옥에 갈 만큼 솔직하게 전해준다.

랜덤워크 투자수업

버턴 말킬 지음 | 박세연 옮김
값 25,000원

인·점·책 2   경영/마케팅

코로나19 언택트 시대, '실험'이 성공을 보장한다

(그로스 해킹) 프로세스와 실행 전략 바이블

14개국 번역 출간
출간 즉시 미국, 영국, 독일
아마존 베스트셀러

저자인 션 엘리스(Sean Ellis)는 '그로스 해킹(growth hacking)'의 개념과 용어를 세계 최초로 제안했으며, 실리콘밸리 스타트업을 1조 원 가치의 회사로 5개나 키워냈고 자신의 사업도 성공적으로 일구며 이 기법을 개척했다. 그로스 해킹의 엄청난 잠재력을 느낀 저자는 누구나 활용할 수 있도록 정립할 필요성을 느껴 그로스 해킹의 바이블을 집필했다.

진화된 마케팅 그로스 해킹

션 엘리스·모건 브라운 지음 | 이영구·이영래 옮김
값 19,000원

인·점·책 5   건강/심리

최고의 탈다이어트법
독자들의 요청 쇄도로 출간!

**직관적 식사의 10가지 원칙을
스스로 실천할 수 있도록
친절하게 안내**

★ ★ ★
전 세계 사람들이 검증한
평생 다이어트 해법
유튜브, 인스타그램에서 쏟아지는 증언!

직관적 식사는 음식, 마음, 몸과 건강한 관계를 형성한다. 이 과정은 신체 사이즈와 상관없이 자신을 보살피고 몸에 대해 감사하는 것을 의미하며, 단순히 체중 감량을 추구하는 일과는 거리가 있다. 끝없는 박탈감과 과식의 악순환을 멈추고 음식과 평화롭고 건강한 관계를 맺는 데 이 실천 워크북이 가이드 역할을 해줄 것이다.

직관적 식사 실천 워크북
에블린 트리볼리·엘리스 레시 지음 | 김주리 옮김
값 21,000원

인·점·책 6   자기계발/공부법

학력과 경력을 상위 1%로
높이는 과학적 평생 학습법

**수학 포기자가 공대 교수가 되고
평범한 중위권 학생이
옥스퍼드대 우수 졸업자가 된 비결**

★ ★ ★
코세라의 360만 수강자가 인정한
학습 전문가의 조언. 과학적인 최신
공부법을 한데 모은 평생 학습 가이드

수백만 수강자(세계 최다 수강자)가 인정한 최고의 학습법 강좌 'Learning How to Learn(학습법 배우기)'의 바버라 오클리 교수가 직접 최신 학습법과 자신의 경험을 이해하기 쉽게 설명한다. 옥스퍼드 대학원을 우수한 성적으로 졸업한 올라브가 신경과학과 인지심리학 분야 130여 편의 최신 논문을 검토하여 요약하였다.

학습천재가 되는 11가지 공부 비결
바버라 오클리·올라브 슈위 지음 | 정윤미 옮김
값 15,800원

인·점·책 3 육아/자녀교육

육아에도 미니멀리즘
즉 '단순 육아'가 꼭 필요하다

**창의력, 집중력, 회복탄력성이 높은
아이로 키우는 맘 편한 단순 육아**

★ ★ ★

세계적 육아 전문가의 30년간
경험과 깨달음을 담은 역작(10년 넘게
스테디셀러/30개국 번역 출간)

아이가 스마트폰이나 미디어에 지나치게 노출되거나 스케줄, 물건이 넘치면 유년기를 파괴하여 아이는 창의력, 집중력, 회복탄력성을 발달시킬 능력과 기회를 상실하고 만다. '단순화하기'를 통해 아이의 행동이 개선되고 학업능력·인지능력이 무려 36.8%나 상승한 연구결과처럼 아이에게 이상적인 발달 환경을 제공할 수 있다.

맘(mom)이 편해졌습니다
킴 존 페인 지음 | 이정민 옮김
값 18,500원

인·점·책 4 건강/심리

다이어트를 그만두면
새로운 인생이 시작된다

**다이어트가 힘들 때 시작하는
10가지 원칙**

★ ★ ★

2019년부터
아마존 입소문 역주행
베스트셀러

지금까지 계속 다이어트에 실패했다면, 음식을 아무 걱정 없이 즐기면서 먹었던 기억이 없다면, 이제 다이어트 말고 직관적 식사를 시작할 때다. 과식과 폭식, 마음의 상처까지 일으키는 다이어트 말고 직관적 신호에 따라 먹는 연습을 하면 오히려 살이 빠지거나 찌지 않는다. 직관적 식사는 먹는 즐거움을 되돌려주고 마음까지 치유해 준다.

다이어트 말고 직관적 식사
에블린 트리볼리·엘리스 레시 지음 | 정지현 옮김
값 18,000원